백제의 중앙과 지방

박 현 숙

도서출판 주류성

백제의 중앙과 지방

저   자 : 박 현 숙
저 작 권 자 : (재) 백제문화개발연구원
발   행 : 도서출판 주류성
발 행 인 : 최 병 식
인 쇄 일 : 2005년 7월 22일
발 행 일 : 2005년 7월 29일
등 록 일 : 1992년 3월 19일 제 21-325호
주   소 : 서울특별시 서초구 서초동 1305-5 창람(蒼藍)빌딩

T E L : 02-3481-1024(대표전화)
F A X : 02-3482-0656
HOMEPAGE : www.juluesung.co.kr
E - M A I L : juluesung@yahoo.co.kr

값 9,000원

본 역사문고는 국사편찬위원회를 통한 국고보조금으로 진행되는
3개년 계획 출판사업입니다.

▲ 2004년 풍납토성 우물 내부에서 많은 유물이 출토되었다.

▶ 풍납토성 외부에
서 발굴된 우물

▼ 백제 한성시대 도
성으로 비정되는
풍납토성 발굴 현
장(2004년)

▲ 2004년 일본 나라박
물관 전시회에 전시된
백제 칠지도

◀ 2003년 12월 공주 의당면 수촌리 유적

▲ 백제 사비도성이 위치했던 현재의 부여 시가지 전경

▼ 백제 웅진시대의 도성이 위치했던 현재의 공주 공산성 전경 (국립공주박물관)

▲ 백제 한성시대 토성이었던 풍납도성 주거지 빌골 진경

▶ 풍납토성에서 출토된 초 두는 중국 동진계로 추정 되어 중국과의 교류사실 을 보여주고 있다.(국립중 앙박물관)

▼ 백제의 지방세력이 위치 했던 것으로 파악되는 원 주 법천리 4호 횡구식 석 실묘

▲ 백제 지방세력의 실태를 잘 보 여주는 나주 복암리 3호분 96 옹관석실 전경

▲ 나주 신촌리 9호분에서 출토된 금동관(높이 25.5cm, 국립 중앙박물관)

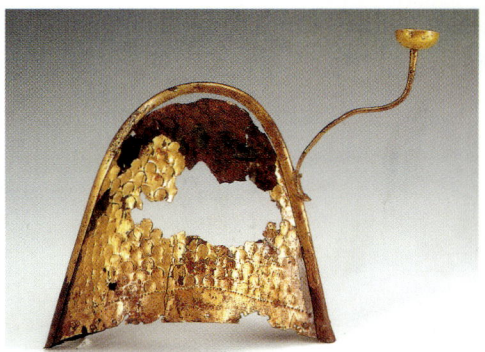

▲ 익산 입점리 지역에 출토된 관모(冠帽, 높이 13.7cm)로 백제 지방관이 파견되었음을 알려준다.(국립전주박물관)

▼ 은화관식(銀花冠飾). 『三國史記』와 중국 사서에 따르면 은화관식은 6품인 나솔(奈率) 이상이 사용할 수 있었다고 한다. 왼쪽은 논산 육곡리, 오른쪽은 부여 능산리 출토(국립부여박물관)

▼ 무령왕릉에서 출토된 왕비 금동신발(길이 35.0cm, 국립 공주박물관)

▲ '전부'명 표석('前部' 銘 標石). 행정 구역을 나타내는 표시돌이다. 부(部)란 오부(五部)의 하나로, 백제 초기에는 광역의 지방행정구획을 이루는 하나의 단위였다. 웅진천도 후에는 도성내 귀족 집단 주거 지역의 편제 단위로 바뀌었고, 사비천도 후에도 도성 및 지방 행정 구역으로 기능하였다.(국립부여박물관)

▼ 부여 정림사지 5층석탑. 탑신의 명문에는 백제의 지방행정구획과 인구에 대한 기록이 남겨져 있다.

▲ 나주 복암리 3호분 5호·16호 석실에서 출토된 은화관식(銀花冠飾)으로 나주 지역에 지방관이 파견되었음을 알려준다. (국립문화재연구소)

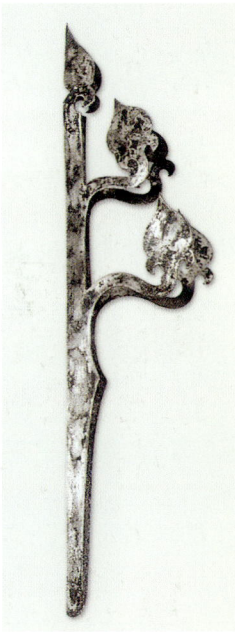

▶ 은화관식(銀花冠飾). 왼쪽은 부여 하황리(국립부여박물관), 오른쪽은 논산 육곡리(국립공주박물관)에서 출토

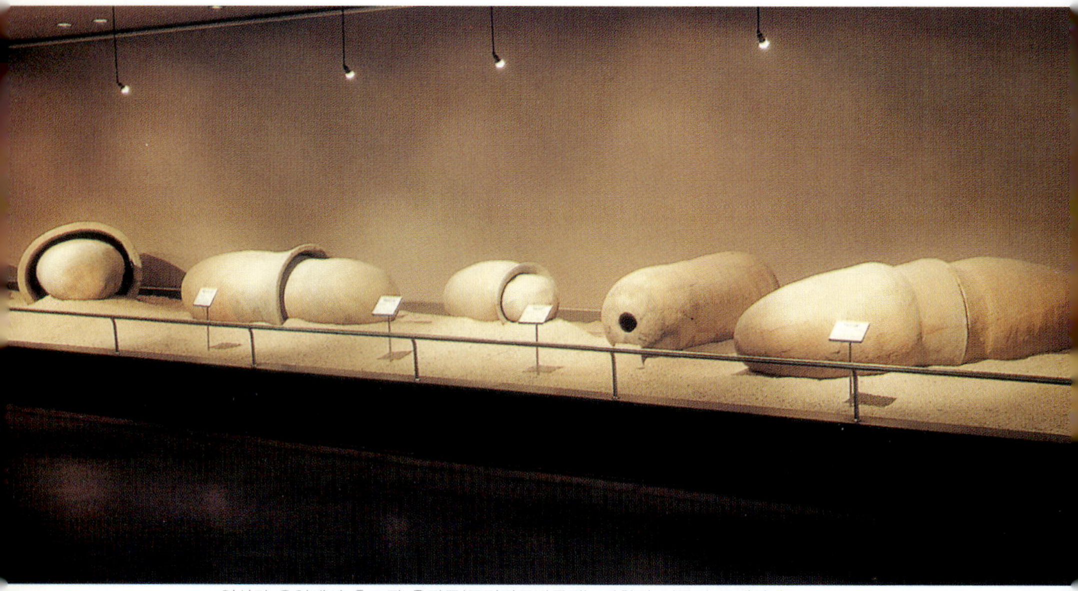

▲ 영산강 유역에서 출토된 옹관들(국립광주박물관). 마한의 전통적 묘제이다.

▲ 백제 한성시대 왕성으로 비정되는 몽촌토성 전경

백
제
의

중
앙
과

지
방

머리말

 '백제라는 고대 국가는 어떠한 나라였을까', '백제시대 사람들은 어떻게 살았을까' 이러한 질문에 명료하게 대답하는 것은 쉬운 일이 아니다. 이 물음에 대한 답은 토지소유와 생산관계에 대한 경제사적인 이해, 당시의 운영질서였던 신분제에 대한 고찰, 통치이념으로 삼았던 사회사상, 그리고 문화사와의 유기적인 연구가 조화롭게 이루어져야만 가능하기 때문이다. 이와 더불어 중요한 것은 고대 국가의 정점에 있었던 왕을 중심으로 하는 정치체제와 권력구조 등의 통치체제 일반에 대한 부분이다.

 본서에서 살펴볼 '백제의 중앙과 지방'은 바로 고대 국가의 정점에 섰던 왕을 중심으로 하는 중앙과 지방의 정치체제와 권력구조 등 통치체제 일반을 말한다. 중앙과 지방이라고 할 때, 중앙의 중요성만을 강조함으로써 지방은 보조적인 위치에 놓이기 일쑤이다. 그러나 중앙은 지방이 뒷받침되어 존재하는 것이고, 중앙을 제외한 더 광범위한 존재가 지방이다. 중앙을 중심으로 하는 일방적인 권력구조와 통치체제도 중요하지만, 삼국이 대립했던 상황에서 지방의 효율적 관리와 지방과 지방민의 움직임 또한 주요한 것이었다. 따라서 중앙과 지방은 대립적인 개념이 아니라 상보적인 관계이다. 중앙과 지방이 유기적인 관계로 돌아갈 때 국가는 발전을 이룰 수 있다.

이러한 입장에서 백제의 중앙과 지방이라는 주제를 다루게 되었다. 이 책의 진행은 이같은 통치체제 전반에 대한 이해에 앞서 백제의 중앙과 지방을 주제로 한 연구사를 먼저 검토해 보고자 하였다. 그리고 백제사의 성립과 발전이라는 측면에서 성립기의 백제, 한성시기의 백제, 웅진시기의 백제, 사비시기의 백제를 개략적으로 살펴볼 것이다. 이와 같은 백제 국가의 역사를 바탕으로 해서 백제 관등제의 정비, 관부와 관직의 설치, 왕도의 조직 등 중앙통치제도의 정비에 대해 언급할 것이다. 그리고 마지막으로 5부제의 시행, 담로제의 실시, 5방체제의 완비라는 주제로 백제 지방통치체제의 발전과정을 살펴보고자 한다.

백제 국가는 부여계 유이민 계통의 출자를 근간으로 한 한계를 극복하려고 일찍부터 지방에 관심을 쏟았다. 그리고 기존의 토착세력인 마한의 존재는 백제 국가의 성장에 걸림돌이 되었다. 따라서 백제의 지방에 대한 통치는 마한의 소멸과 병행하여 점진적으로 정비되어 나갔음을 확인할 수 있다. 이 과정에서 마한의 존재라든가, 지방통치가 지닌 주요한 수단이었던 민(民)에 대한 통치부분, 그리고 고대의 지방통치에 나타난 행정 및 군사적 성격 등에 대해서도 생각해 볼 수 있을 것이다.

이와 같은 구성으로 백제 중앙과 지방통치체제의 변화과정을 추적해 보고자 한다. 지방통치에 대한 연구는 백제사의 한 단면을 살피는 것이지만, 이는 백제의 중앙통치와도 밀접한 관계를 갖는다. 그래서 백제 국가의 발전과정과 그 특성을 밝히는 주요한 소재가 된다. 따라서 백제의 중앙과 지방이란 백제 정치사, 더 나아가 백제 국가의 성격을 이해하기 위한 화두이기도 한 것이다.

이 책은 그 동안의 백제사, 아니 한국 고대사 연구가 축적되지 않았다면 출간되기 힘들었을 것이라고 생각한다. 선학·동료 여러분들의 연구에 힘입은 바 크다. 그리고 인생과 학문을 이끌어 주신 스승님들과 고려대학교 역사교육과 및 한국사학과 교수님들의 지도와 배려에 대해서도 이 지면을 빌려 감사의 인사를 올린다.

이 책은 백제문화개발원의 역사문고로 기획된 것이다. 한국사 분야에 대한 학문적 지원이 열악한 가운데 백제사 분야의 활성화를 위해 여러 모로 노고를 아끼지 않고 있는 백제문화개발연구원의 조부영 원장님과 사무국장님을 비롯한 연구원들에게도 감사를 드린다. 그리고 책을 보기좋게 편집해 준 주류성 출판사의 구성원들에게도 고마움을 전한다. 끝으로 학문과 교육에 전념할 수 있도록 울타리가 되어 주는 가족들에게 감사의 마음을 전한다.

2005년 6월

박 현 숙 識

차 례

차 례

백제의 중앙과 지방

백제의 중앙과 지방에 대한 연구동향

1. 정치세력에 대한 이해

정치체제와 권력구조의 연구는 고대 국가의 지배체제뿐 아니라 고대 사회의 전반적인 성격을 이해하는데 매우 중요한 과제이다. 백제의 정치사는 지금까지 정치체제 그리고 국왕과 귀족세력 사이의 권력관계 등을 중심으로 연구되었다. 이에 따른 정치체제의 운영원리와 발전과정 등을 밝히려는 노력들이 함께 진행되고 있다.

백제 통치체제에 대한 연구 가운데 정치세력에 대한 연구가 가장 미흡하다고 할 수 있다. 백제의 정치세력에 대해서는 비류계의 해씨에 이어 초고계의 부여씨로 왕실교체가 되었다고 보고 있다. 그래서 부여씨 왕계가 확립된 초고왕대부터는 부여씨 일계에게 왕위가 계승되었던 것으로 보았다. 그리고 한성시대 전기의 대표적 지배세력으로 왕족 부여씨와 왕비족 진씨를 꼽았다. 진씨 왕비족은 부여씨 왕실이 지배귀족 가운데 진씨 가문과 혼인을 거듭하여 이루어졌다. 근초고왕에서 아신왕대까지를 진씨 왕비족시대로 부르는 것도 이 때문이다. 그러나 진지왕의 왕위계승에서 일어난 분쟁을 계기로 진씨에서 해씨로 왕비족이 바뀌게 된 것으로 이해하게 되었다. 한편 초고계(肖古系)의 방계 출신인 비류왕(比流王)이 고이계(古爾系)와는 인척관계라는 정치적 배경을 통해 왕위에 오를 수 있었다. 그를 추대한 세력은 범초고계의 왕족을 비롯하여 해씨(解氏)와 고이계의 우씨(優氏)세력 일부가 포함되었을 것으로 보는 견해도 있다. 이는 백제 정치세력의 변화과정을 살피는 계기이기도 하였다.

웅진 천도 후 동성왕대부터 사씨(沙氏)·연씨(燕氏)·백씨(苩氏) 등의 신진세력을 등용한 백제왕실은 남쪽으로 내려온 기성 귀족과의 세력균형을 도모한 것으로 파악된다. 그리고 관산성 패전 이후 귀족중심의 운영체제에서 사씨(沙氏)·연씨(燕氏)·협씨(劦氏)·해씨(解氏)·진씨(眞氏)·국씨(國氏)·목씨(木氏)·백씨(苩氏) 등의 대성팔족이 대두하였다. 백제의 정치세력은 크게 국왕과 왕족, 그리고 귀족세력으로 범주화하고 있다. 백제 웅진시대 정치사의 전개과정을 국왕과 귀족세력의 동향을 중심으로 체제의 개혁과 권력구조의 변화 등 많은 정치적 변혁이 이루어졌음을 고찰하기도 하였다.

귀족의 존재는 좌평과 달솔 관등을 중심으로 언급되었다. 이와 더불어 대성팔족이 차지한 관직 가운데 좌평은 왕권에 대립하는 존재로서 사비시대 백제의 정치를 주도한 것으로 이해하였다. 그러나 대성팔족과 왕권과의 관계를 파악하는데 너무 대립적인 요소로만 볼 수 있는가에 대한 반론도 제기되었다. 또한 사비시대의 정치세력에 대해서 기존 연구는 주로 왕과 귀족의 입장에서 이루어졌다. 따라서 이같은 문제점을 지적하면서, 왕자를 비롯한 왕족에 대한 적극적인 해석이 나오고 있다. 그러나 왕족을 왕권과의 친밀성 속에서 이해할 것인지, 넓은 의미의 귀족으로 이해할 것인지는 좀 더 논의되어야 할 것이다.

정치세력에 대한 논의에서 왕과 귀족과의 관계를 어떻게 바라볼 것인가는 고대 국가의 성격을 이해하는데 중요한 관건이 된다. 왕과 귀족과의 관계를 대립적인 측면에서 본 이분법적 접근은 주의를 기울여야 할 것이다. 왕은 귀족과 대립하지 않는 가운데 일정한 관계 속에서 타협하고 조화를 이루고자 했고, 귀족들도 왕의 보호 아래 그 권력을 행사할 수 있었기 때문이었다.

국왕의 세력기반에 대한 연구, 귀족세력 내의 분화의 모습과 개별 가문에 대한 연구, 또한 개별 인물들에 대한 정치적 연구가 이루어짐으로써 백제 지배세력에 대한 논의도 좀 더 풍요로워질 수 있을 것으로 보인다.

2. 중앙통치제도에 대한 논의

삼국이 대치했던 상황에서 중앙과 지방의 통치를 얼마나 효율적으로 수행하느냐 하는 것은 바로 국가의 생존과 발전에 관한 문제였다. 중앙 통치제도에서 관직과 행정관서 등 관료체제의 정비는 집권체제의 정비와 함께 이루어진다.

백제의 통치제도에 대한 논의도 역시 『삼국사기』 초기기록의 신빙성 문제에서 출발한다. 고이왕대에 이루어진 관직의 정비와 공복제(公服制)를 어떻게 이해할 것인가에 초점이 맞추어지기 때문이다. 3세기 중엽 고이왕대의 관제개혁은 백제 정치사에서 매우 중요한 사건이지만, 이를 바라보는 입장은 백제 초기의 정치체제를 어떻게 파악하느냐에 따라 나누어진다. 즉 이를 고이왕대의 사실로 인정하여 백제 관제의 기본 골격이 갖추어졌다고 파악하는가 하면, 6좌평·16관등제는 후대 사실의 부회로 파악되기도 한다.

대부분의 연구자들은 고이왕대에 이루어진 관직의 정비와 공복제를 사비시대로 내려서 이해하고 있다. 사비천도 후 백제는 왕권 중심의 정치운영체제를 확립하여 웅진도읍기 이래의 신구세력들을 16관등 체제하에 편제하게 되었다는 것이다. 따라서 5좌평으로 대변되는 귀족들의 정치적 비중은 상대적으로 약화되고, 그 대신 왕명을 봉행하는 22부가 정치운영에서 중요한 기능을 수행하였다고 보았다. 그리고 위덕왕 즉위 후 정치가 귀족중심으로 운영되었고, 이러한 귀족중심체제는 처음에는 5좌평이 중심이었으나, 그 후 중국의 6전 조직의 영향으로 6좌평으로 확대되었다고 보았다.

백제의 정치기구는 좌평제와 22부사제(部司制)를 중심으로 연구되었다고 할 수 있다. 백제의 가장 중요한 정치기구이자 제도라 할 수 있는 좌평제의 성립시기에 대해서는 각기 견해가 다르다. 6좌평의 성립시기

익산 입점리에서
출토된 관모(높이
13.7cm)로 백제
관복제의 실상을
알려준다.
(국립전주박물관)

에 대해서는 3세기 중엽, 5세기 초, 7세기 초 등으로 다르게 파악하고
있다. 그리고 좌평제의 경우 6좌평을 사비시대의 실상으로 이해하는 경
향이 강하지만, 3좌평제와 5좌평제 및 6좌평제의 상호관계에 대해서는
논의가 다양하다. 이는 대좌평의 존재를 어떻게 이해하느냐의 문제와
도 연결된다. 사비시대에 보이는 대좌평이 상좌평과 다른 것인지, 아니
면 같은 것인지도 문제이다. 그리고 6좌평제와 대좌평의 상호관계나 당
시 귀족회의의 실상에 대한 설명도 확연하지 않다. 또한 상좌평이 국정
을 총괄하는 재상적 성격을 지녔다는 것은 대부분 동의하지만, 왕권을
뒷받침하는 관직인지, 귀족세력의 이익을 대변하는 제도인지에 대해서
는 합의되지 않고 있다.

좌평제가 관직 중심의 정치기구라면, 22부사제는 행정관서의 성격이 강하다. 궁중사무와 일반 서정의 분리, 군사·재정·행정 업무의 분화, 장관의 임기 3년 임기제 등은 관료제적 성격을 보여준다. 그러나 내관(內官)이 외관(外官) 10부보다 많고, 북주의 6관제를 채용하였다는 점은 왕권강화의 측면을 말해준다. 그러나 6좌평과 22부사제의 관계에 대해서는 여러 견해로 나뉘어진다. 우선 육전조직에 근거한 6좌평제는 7세기에 비로소 성립되었다는 설과, 6좌평제는 6세기 이전에 성립되었다가 22부사제의 실시로 관직적 성격을 잃고 신분표시기능만 지니게 되었다는 설을 들 수가 있다. 그리고 6세기 전반에 좌평제라는 합의기구와 22부사제라는 행정기구가 양립하였다가 6세기 후반 좌평이 22부사를 장악하였지만, 7세기 전반 왕권강화로 6좌평제가 행정기구화하여 국왕 통제 아래 22부사를 관장하였다는 설 등이 제기되었다.

22부사제의 경우 사(司)가 격이 떨어지는 것으로서 부(部)의 통제를 받은 관청인지 아닌지, 내관 전내부가 신라의 내성에 해당하는지 집사부에 해당되어 외관을 통제했는지를 가릴 필요가 있다. 그리고 22부사의 장에 좌평이 임명되었는지, 아니면 솔계 관등에 속하는 사람이 임명되었는지에 따라 정치기구에 대한 이해도 달라지게 된다.

3. 지방통치체제에 대한 관점

고대 국가의 성장기에서 영역확장과 이에 따라 새로이 편입된 지역의 통제는 국가의 통치의지가 구체적으로 시행·관철되는 것을 의미하기 때문에 중앙집권화 노력의 성패를 가늠하는 관건이었다. 그래서 지방통치제도의 문제는 중앙의 통치력을 가늠하는 기준이 된다.

백제의 지방통치연구는 각 지역별 고고학의 연구 성과가 축적되면서 1990년부터 본격적으로 나타났고, 1990년대 후반 이후 지방통치에 대한 문제는 백제사 연구의 중요한 주제로 주목받았다. 백제 지방통치제도의 변화양상을 4세기 말의 성·촌체제→5세기의 왕·후·태수제→6세기 초의 담로체제→6세기 중엽 이후의 방·군·성체제로 파악하기도 하였다. 이를 읍락·소국체제→4세기 후반 이후의 담로체제→6세기 중반 이후의 방·군·성체제로 부르기도 하였다. 그리고 5세기 후반 이후 성체제→6세기 초반 이후 담로제→6세기 중반 이후 5방제로 이해하는 경우도 있다. 한편 부제(部制)→4세기 중반 이후의 담로제→6세기 중반 이후의 5방체제로 지방통치체제의 변화상을 파악하거나, 부체제→5세기 중반 이후 담로제→6세기 전반 이후의 5방체제로 보기도 하였다.

이를 통해 부제(部制)→담로제(擔魯制)→5방체제(五方體制)로 변화하는 백제 지방제도의 골격은 파악된 셈이지만, 세부적인 문제는 아직도 다양한 견해가 제기되고 있다. 즉 백제의 지방통치와 관련해서 초기의 '부'를 어떻게 볼 것인지, 그리고 담로제를 어떻게 파악할 것인가, 5방체제의 형성과 그 의미를 어떻게 볼 것인지, 지방관의 파견시기와 지방관의 성격을 어떻게 이해할 것인지 하는 문제가 그것이다.

백제 초기사에 보이는 '부'의 문제는 '부체제'이다. 지방의 행정구획과 관련하여 논의된 중요한 과제다. 특히 '백제 초기 '부'의 성격을 어떻게 파악하느냐' 하는 문제는 고구려·신라의 '부'의 문제와 더불어 부각되었다. 처음 '부체제'는 중앙정치구조와의 관련성 아래 고찰하였다. 그리하여 부여·고구려·백제·신라 등의 초기 역사에서 공통적으로 보이는 '부'를 연맹단계의 내부구조로서 주목했다. 즉 종래 국가발전단계상의 혈연적인 부족연맹체론을 비판적으로 수용하면서 그 대안으로 '부체제론'을 제기했던 것이다. 독자성을 띠는 단위정치체인 부체제가 해체되면서 일원적인 관료조직에 입각한 중앙집권체제가 출현했다는 것이다.

'부체제'는 국가형성의 문제로 다루어질 대상이 아니라, 통치체제라는 면에서 논의되어야 한다. 백제 초기의 '부'는 고구려·신라의 이른바 '부체제'와는 달리 초기기록에서부터 이른바 '족제적(族制的) 또는 부족적(部族的)' 성격이 약한 방위부(方位部)인 행정구획적 특징을 나타낸 것으로 볼 수 있다. 물론 백제 초기의 '부'의 제도에서 독자성을 띠는 세력집단들의 존재가 상정되지만, 이는 중앙집권력의 미숙성으로 야기된 것이다. 실제적으로는 지방행정구획인 '부'에 산재해 있던 재지세력들을 통한 간접통치의 양상으로 파악할 수 있는 것이다.

담로제는 실시시기와 성격에 대해서 이해의 차이를 보이고 있다. 『일본서기』 인덕기 41년조의 기록을 근초고왕대의 사실로 이해하는 입장에서는 근초고왕대에 담로제가 실시되었다고 보았다. 그리고 근초고왕이 369년 전라도 지역의 마한세력을 복속하기 이전인 한성시대 전기에

백제 중앙세력의 확산과정을 보여주는 영산강 유역의 횡혈석실분인 나주 복암리 3호분 전경

는 부·성·촌(部·城·村)이 중심이었고, 한성시대 후기에는 금강 이
북 지역의 경우 부·성·촌제였다는 것이다. 그리고 복속지는 일부 성
에만 지방관을 파견하는 거점 지배방식을 취한 이원적 통치형태로 보
기도 했다. 대부분 담로제는 새로운 영토확장이 이루어지는 근초고왕
대에 이루어진 것으로 해석하였다.

한편 담로제는 지방통치구획으로서의 부제에 대한 보완으로 여러 성
에 대한 거점지배로서의 성격을 띤 것으로, 22개의 담로는 초기 5부제
에서 사비시대의 5방체제로 넘어가는 과도기의 지방통치체제로 이해할
수 있다. 그리고 담로제가 비류왕대부터 시행되었기 때문에 근초고왕

대의 비약적인 발전이 가능하였다는 것이다. 이와 달리 근초고왕대를 전후한 무렵에야 부-성-촌체제로 편제하여 국가권력에 의한 지방세력 통제를 꾀하였으며, 이후 각 지역의 성주의 역할이 증대되면서 부가 본래의 기능을 상실하게 되었다는 견해도 나와 있다.

사비시대의 행정구획에 대해서는 『주서』에 기록된 왕도 5부제와 지방통치제도인 5방체제가 일찍부터 관심의 대상이 되었다. 처음 5부 5방제에 대해 언급한 논문은 앞 시기와의 연관관계를 언급하지 않고, 5부·5방에 대한 분석을 시도하였다. 이는 무령왕 단계에서 지방에 22담로를 설치했다가 사비천도 후에 도성 5부와 지방 5방제로 나뉘었던 것으로 본 것이다. 그리고 『양서』 백제전의 내용을 6세기 초의 사실로 인식하고, 사비천도 후에 실시된 방제가 얼마 후 37개 전후의 담로로 개편된 것으로 보기도 했다.

한편 백제 지방제도의 연구 초기에는 백제 초기의 전국 행정구역 4부가 사비시대의 5방으로 연결된다고 보고, 연결고리인 담로제는 언급하지 않고, 지방지배체제의 개괄적인 윤곽을 제시하기도 하였다. 그러나 지방제도의 연구가 심화되면서 『주서』 단계에서의 5방은 이전의 담로가 군이라는 중국식의 표현으로 대치되는 변화를 나타낸 것으로 백제 지방통치체제가 명실상부한 군현제의 모습을 갖춘 것이라고 보았다. 그리고 방·군·성체제를 갖춘 시기는 군령과 성주가 구체적인 칭호로 나타나는 6세기 전반으로 상정했다. 이에 대해 5방에 대한 지명비정을 통해 5방의 구체적인 실체 파악과 방·군·성의 유기성 등을 밝혀 백제 국가가 전국을 어떻게 통할했는가에 주목하기도 하였다. 한편 사비시대의 행정구획 5부제는 비록 왕도의 행정구획이지만 『주서』에서 5방체제와 같이 나타나 통치제제의 일부분으로서 사비시대 백제 국가의 지배체제의 일단을 보여준다는 점에서 일찍부터 지방제도인 5방체제와 함께 다루어졌다.

이 연구를 빌려 동성왕대인 5세기 말~6세기 초 단계에서 이미 왕도 5부제의 틀이 마련되었고, 사비도읍기에 들어서는 부·항체제를 갖춘 전형적인 5부제가 실시된 것으로 보기도 하였다. 한편 궁남지에서 출토된 목간의 내용을 근거로 왕도 5부제의 변화양상을 언급하면서 사비시대에 들어 왕도에 5부(部) 25항(巷) 제도가 실시되었음을 밝히기도 하였다.

지방관의 파견과 관련하여 백제 지방통치를 이해한 연구도 있다. 지방통치를 밝히기 위한 단서로서 도사(道使)의 존재를 주목하였다. 도사의 파견시기를 담로제의 확립 과정 속에서 구하고, 이때 파견된 지방관을 성주로 칭하였을 것으로 보았다. 그러나 성주의 명칭이 3세기 초반부터 나타난다고 보아 파견시기를 3세기대로 올려 보기도 하였다.

백제의 중앙통치제도와 조직의 이해는 지배세력과 정치변동을 어떻게 인식하느냐에 따라서 다양한 논의가 나올 수 있다. 즉 왕권의 전제화가 진행된 시기였느냐, 아니면 귀족에 의해 정치가 주도되었느냐에 따라 달라지게 된다. 따라서 통치체제나 정치조직에 대한 연구는 왕과 귀족 사이의 관계 설정 및 지배귀족들 사이의 힘의 관계 그리고 정치변동에 대한 전반적인 이해를 바탕으로 고찰되어야 한다. 또한 지방통치제도도 중앙정치조직과 함께 국가의 통치를 원활히 하기 위해 마련된 지배체제의 중요한 축이다. 따라서 이를 단순히 제도사적 차원에서 접근할 것이 아니라 중앙정치 및 권력구조와 더불어 대민지배와 지방사회의 존재양태, 그리고 역사지리와의 유기적인 관계 속에서 연구해야 할 것이다.

백제 국가의 성립과 전개

1. 백제사의 공간과 시간

1) 백제사의 지리적 환경

우리는 '백제사' 하면 지리적 공간으로 전라도를 떠올린다. 그러나 백제의 주무대가 전라도 지역이었던 기간은 짧았다. 오히려 백제는 한강을 둘러싼 서울과 공주·부여 등을 중심으로 한 경기·충청도 지역을 근거지로 성장했던 국가이다. 백제는 세력확장에 따라 지금의 황해도 일부와 경기도, 충청도, 전라도, 제주도까지 그 영역을 확대해 나갔던 것이다.

백제사의 시기구분은 도읍의 변천에 따라 한성시대(기원전 18~475년), 웅진시대(475~538년), 사비시대(538~660년)로 나누곤 한다. 본서에서도 이러한 용어를 채택하여 백제사의 흐름을 전개하였다. 도읍이란 정치·경제·문화의 중심지이다. 따라서 도읍은 당시 사회의 제반 여건에 커다란 변화를 수반하고, 또 주도했기 때문에 역사의 흐름을 파

하남 미사동에서 출토된 백제시대 밭으로, 백제 초기의 농업 생산력의 실태를 보여준다.

악하는 잣대일 수도 있다. 이러한 시기구분에 따른다고 해도 백제의 중심지는 지금의 서울과 충청도 지역이었다. 백제세력이 진출하기 이전 전라도 지역에는 '마한(馬韓)'이라고 하는 세력들이 위치하여 백제는 이들 세력을 정복 또는 융합해 나가야 했다. 전라도 가운데서도 지금의 전라남도 지역은 마한문화의 강한 전통과 토착성을 지니면서, 한강·금강 유역의 문화와 대립하면서 존재했다. 백제 국가는 중앙집권력을 강화시키기 위해 이러한 마한문화를 완전히 동화시켜야 할 과제를 안게 되었고, 이는 백제의 국가 성장에 걸림돌이 되었다.

백제가 성립되기 이전 경기도·충청도·전라도 지역에는 여러 나라

백제 한성시대 왕성이었던 지금의 서울 몽촌토성 전경

들이 발전하여 중국의 역사책에는 '마한 54국이 있었다'고 기록하였
다. 백제사에서 전라도 지역의 역사는 마한의 전통을 가진 채 고대 국
가로 성장하는 백제 국가에 흡수·포용되어 가는 과정을 겪어야 했다.
그래서 백제 역사하면 전라도 지역을 떠올리는 것은 선입견에 불과하
며, 토착문화로서의 마한의 역사를 잊게 하는 결과를 가져올 뿐이다.
우리가 백제사의 무대를 전라도로 각인하게 된 것은 견훤(甄萱)이 세운
후백제 때문일 것이다. 왕건(王建)도 끝까지 저항한 후백제와의 관계
때문에 고려를 건국한 뒤 자손들에게 남긴 『훈요십조』란 책에서 '차령
산맥 이남의 사람들은 등용하지 말라'고 한 것이다.

백제의 자연지리를 살펴보면, 우리는 백제의 도성들이 강(江)을 거점으로 하고 있다는 사실을 알 수 있다. 서양 고대의 대부분 국가들이 그랬던 것처럼 백제에서도 강을 끼고 수도를 정하고 국가를 세웠다. 그래서 우리는 한강을 거점으로 한 한성시대, 금강의 공주를 중심으로 한 웅진시대, 금강 지류인 백마강가의 부여를 중심으로 한 사비시대로 나눌 수 있는 것이다.

강은 교통로로서 뿐만 아니라 농경사회에서는 물을 공급할 수 있는 주요한 자원이 되었다. 백제는 강을 이용하여 교통과 농경을 발달시키면서, 융성할 수 있는 기본 토대를 마련하였다. 『주서』(周書)는 백제를 가리켜 '땅이 비옥하고 기후가 온난하여 오곡·잡과와 채소 및 술·약품 등이 많이 난다'고 기록하였다. 또 『수서』(隋書)도 '백제는 오곡과 소·돼지·닭 등이 많다'고 표현하였다. 이들 중국사서의 기록을 보면 토양이 척박하고 산이 험했던 고구려나 신라에 비해 백제가 유리한 자연조건을 갖추었음을 알 수 있다.

백제가 고대 국가로 발전하는 기틀을 잡았던 지역은 서울이었다. 그러나 오늘의 서울은 안타깝게도 개발에 밀려 많은 백제 유적지들이 파손됨으로써 몽촌토성·풍납토성·석촌동 적석총 등 일부 유적만이 남아 있다. 서울은 역대 여러 나라의 수도였다. 1394년 조선 왕조가 지금의 서울 한양에 수도를 정하면서 역사적 의미가 커졌지만, 그 시작은 백제에서 비롯되었다.

서울은 온조왕(溫祚王)이 기원전 18년에 도읍을 정한 뒤 백제 개로왕

백제 웅진시대의 도성인 지금의 공주 공산성 전경(국립공주박물관)

(蓋鹵王) 때 고구려 장수왕(長壽王)에게 패배하여 공주로 수도를 옮기게
되는 475년까지 백제의 수도였다. 물론 백제 이전에도 한강을 근거지로
한 세력들은 많았다. 암사동 선사유적지에서 보이는 것처럼, 이 지역은
선사시대 이래로 인간이 살아가기에 좋은 자연조건을 갖춘 땅이었다.

서울 지역에서 성장한 백제는 황해를 원활히 활용하였다. 내륙수로를
이용한 상업적 거래일 뿐 아니라 중국대륙과의 교역으로까지도 연결시
켰다. 신라가 백제를 거쳐 중국과 교역한 사실이나 무령왕릉의 전축분
구조와 더불어 여기서 나온 오수전 · 청동 거울 등의 부장품, 익산 입점
리 고분 등에서 나오는 청자들은 백제와 중국과의 활발한 교류를 보여

백제 사비시대 도성이었던 지금의 부여 시가지 전경

준다. 554년 신라 진흥왕이 한강 유역을 완전히 장악하면서 한강에 대한 백제의 영향력은 단절되었다. 신라가 삼국을 통일할 수 있었던 가장 큰 요인도 한강 유역을 차지함으로써 당(唐)과 적극적인 교류가 가능했기 때문이었다.

475년 고구려의 남하로 인한 한성(漢城) 함락으로 백제는 문주왕(文周王) 원년에 지금의 공주인 웅진으로 도읍을 옮긴다. 웅진으로의 천도는 사전에 계획된 것은 아니었다. 국난을 피하기 위한 갑작스러운 천도였지만, 웅진을 왕도로 선택한데는 나름대로의 이점도 지니고 있었다.

북으로는 차령산맥과 금강으로 둘러싸여 외부와 차단되었고, 동으로는 계룡산이 가로 막아 고구려의 남침을 막을 수 있는 천연적인 방어의 요충지였다. 또한 한강을 대신한 금강은 서해로 통하는 유일의 내륙수로로서 교통의 대동맥이었을 뿐 아니라, 호남·내포평야의 풍부한 농산물이 들어오는 길이기도 하였다. 한강 유역을 잃은 백제로서 웅진 지역은 수도의 조건을 갖춘 도읍지였던 것이다.

문주왕 원년에 수도로서 정해진 공주는 삼근왕·동성왕·무령왕을 거쳐 성왕 16년(538년) 부여의 사비성으로 천도하기까지 5대 64년간 백제의 정치·경제·문화의 중심지가 되었다. 웅진시대는 정치적으로 국력을 회복하기 위한 도약의 준비기였지만, 동시에 문화적으로는 백제의 문화가 한껏 꽃피어 보다 세련된 가운데 국제화한 시기이도 하였다.

백제가 문화적으로 가장 융성했던 시기는 바로 사비시대이다. 공주는 사방이 산으로 둘러싸여 방어의 요충지이기는 했지만, 중흥의 날개를 펴기 위한 새로운 도읍지로서는 너무 협소하였다. 그리하여 동성왕 때부터 공주 서남방으로 30km쯤 떨어진 부여로 자주 사냥을 나가 그 지역을 눈여겨 보았다. 마침내 성왕 16년(538년) 지금의 부여인 사비로 도읍을 옮기게 된다. 금강가에 위치한 부여는 산으로 둘러싸여 방어에도 적합하였을 뿐 아니라 넓은 평야를 끼고 있었다. 그리고 호남평야의 경영이나 가야지방으로 진출하는 데도 유리한 위치였다.

성왕은 부소산 남쪽에 왕궁을 마련하고, 부여의 외곽에 나성(羅城)을 쌓아 본격적인 도성의 모습을 갖추었다. 또한 새로운 수도를 정하면서, 국호를 남부여(南扶餘)로 바꾸어 정치체제를 정비하는 등 국가 중흥의 기틀을 마련하는데 심혈을 기울였다.

부여 지방의 지형이 그러한 것처럼 사비시대의 문화는 부드러우면서도 세련되었다. 서해 건너의 중국 남조문화를 폭 넓게 받아들였으며, 글씨나 조각에서는 북조 예술의 요소도 보인다. 국제적이고 개방적인 백제미술의 진수가 잘 드러난다. 이렇듯 적극적인 외교로 외래문물을 수용한 백제는 문화를 보다 높은 수준으로 재창조하였다. 그러나 신라 진흥왕의 기습으로 한강 유역을 빼앗기고 성왕은 관산성에서 최후를 맞이하게 된다. 그 뒤를 이은 위덕왕과 무왕의 국력 회복에도 불구하고 의자왕 말기에 이르러 국정이 문란해지면서 나·당연합군에 의해 660년 백제는 멸망하기에 이른다.

6대 62년간의 사비시대는 재도약을 위한 중흥의 시기이었으나, 그 영광은 길지 않았다. 보다 넓은 평야 지역으로 향한 남방 진출의 꿈은 나·당연합군의 공격 앞에 좌절되고 말았다. 그래서 서울·경기·충청·전라도 지역에 걸쳐 위치한 고대 국가로 고구려·신라와 더불어 삼국을 이루었던 백제는 역사의 뒤안으로 사라지게 되었다.

2) 백제사의 시간적 배경

백제 역사는 기원전 18년부터 시작되었다. 김부식은 『삼국사기』에서 '이때 온조(溫祚)에 의해 백제가 건국되었다'고 기록하였다. 이 시기 서양에서는 기원전 27년 로마의 제정이 시작되었다. 그러나 백제의 700여 년 역사에서 서양세력을 만난 사건은 없다.

고구려와 신라를 빼고, 백제와 가장 빈번한 외교관계를 나눈 국가는 중국과 일본(그 당시에는 왜라고 불리었다)이다. 따라서 백제를 둘러싼 여러 나라의 관계를 살펴보기 위해서는 자연 동아시아 가운데서도 중국과 일본이 중심이 되어야 할 것이다.

백제가 건국한 기원전 18년은 중국의 한(漢)나라 성제(成帝) 홍가(鴻嘉) 3년에 해당한다. 한나라 고조가 진시황에 이어 기원전 206년 중국을 통일한 뒤 200여 년이 지난 시기였다. 그러나 이때 백제와 직접적인 접촉을 했다는 기록은 보이지 않는다. 오히려 백제는 낙랑·대방 등의 한사군(漢四郡)과 교류하였다.

백제가 중국과의 직접적인 교류를 가졌던 최초의 기록은 근초고왕(近肖古王) 27년(372) 동진(東晋)과의 통교다. 근초고왕은 동진에 사신을 파견하고, 동진으로부터 '진동장군 영낙랑태수(鎭東將軍 領樂浪太守)'라는 작호를 받았다. 동진은 317년부터 418년까지 존속하였다. 384년에는 동진의 마라난타가 백제에 불교를 가지고 들어왔다. 이 시기 중국 북쪽에서는 304년 흉노족의 추장인 유연(劉淵)이 왕을 칭하고, 이와 더불어 파만족(巴蠻族)의 이웅(李雄)도 성도왕(成都王)을 칭하면서 5호 16국(5胡 16國)시대가 열리고 있었다.

5호는 흉노(匈奴)·갈(羯)·강(羌)·저(氐)·선비(鮮卑)다. 이들 호족의 중심의 세력은 439년 북위(北魏)가 중국 통일을 완성할 때까지 화북을 무대로 흥망성쇠를 거듭하였다. 이 시기는 정치적 분열과 호족의 한인지배(漢人支配)라는 특이한 시대이기도 하였다. 진·한 통일제국이

중국 동진계로 추
정되는 청동제 초
두로, 풍납토성에
서 출토되었다.
(국립중앙박물관)

붕괴하고, 다음의 수·당 통일제국을 맞이하기까지 중국사는 대전환기
였다. 이같은 중국의 전환기적 시대상황은 고구려·백제·신라 삼국에
대한 영향력을 감소시킨 요인이 되었다.

　5호의 대립 속에서 전진(前秦)은 제일의 명군으로 칭했던 부견의 통치
아래서 전연(前燕)을 타도하고 376년 화북을 통일하는 성공을 거두었
다. 그러나 동진(東晉) 원정을 위한 383년 비수(淝水)싸움에서 패배하자
각 종족은 곧바로 전진의 지배를 벗어나 전연의 계보를 이은 후연(後
燕)과 장안에 위치한 후진(後秦)을 중심으로 한 여러 제국으로 다시 분
열되었다.

　그 뒤 대국(代國)의 후신인 북위(北魏)가 후연을 치고, 하북 지방을 얻

어 강성해지면서 439년에 재차 화북 통일에 성공하였다. 그리하여 420년 동진을 대신하여 일어난 송(宋)과 남북으로 대치하는 남북조시대(南北朝 : 420~581)를 맞이하게 되었다. 백제뿐 아니라 고구려·신라의 왕들은 이들 남북조의 왕조에 조공을 하고, 관작을 받는 등 활발한 교류를 하였다.

한강 이남에 자리한 백제로서는 북조보다는 남조와 가까울 수밖에 없었다. 남조는 남경에 수도를 둔 송(宋 : 420~479)·제(齊 : 479~502)·양(梁 : 502~557)·진(陳 : 557~589)의 4개 왕조를 가리킨다. 5호 16국시기에 다수의 한족이 화북의 혼란을 피해 남하하면서 본래 낙후된 지역이었던 강남이 대부분 개발되어 유리한 자연조건 아래에서 농업 생산력이 크게 발전하였다.

백제는 중국에 사신을 파견하는 단순한 관계였으나, 국제관계 속에서 백제의 위상을 점차 높이기 위해 중국으로부터 책봉을 받고자 하였다. 개로왕대에는 남조에 국한되었던 교류에서 벗어나 북조인 위(魏)에게도 적극적인 자세를 보였다. 고구려의 남하에 따라 위기감을 느낀 백제가 북위를 통해 이를 견제하기 위해서였다. 그러나 북위와의 교류에 실패함으로써 오히려 백제는 장수왕의 공격을 받아 한성시대를 마감하게된다.

근대 이전 동아시아의 국제관계는 중국왕조를 중심으로 하는 독특한 구조를 이루었다. 일반적으로 주변 여러 나라의 군주는 중국왕조에 사자를 보내 조공하였다. 이러한 관계를 강화하기 위해 중국의 황제는 조

칠지도가 보관된 일본 이소노카미 신궁의 입구 모습

공하는 이들 군주에게 관작을 내려 그 나라와 군신관계를 맺었다. 책봉체제(冊封體制)는 원래 중국 황제와 일족이 공신을 왕(王)이나 후(侯)에 봉하는 것이었다. 그런데 국내체제를 국제관계로 확대하여 주변 나라의 왕들에게도 책봉체제를 적용시켰던 것이다.

웅진시대의 백제는 동성왕대 이후 남조와 활발한 교류를 모색하였다. 고구려의 계속되는 방해에도 불구하고, 백제는 남조로부터 책봉을 받는 등 적극적인 관계를 유지하였다. 백제 무령왕릉의 전축분 양식이나 이 무덤에서 나온 부장품에서는 중국 양나라 문화의 영향을 받은 흔적을 보인다. 그리고 익산 입점리 고분 등 여러 유적에서는 남조의 청자

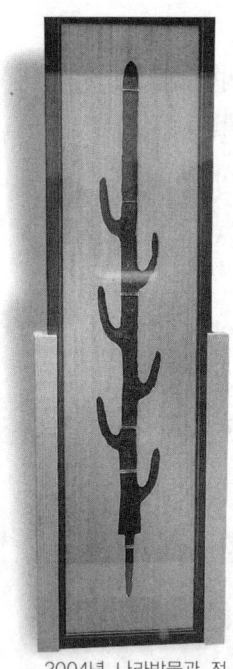
2004년 나라박물관 전시회에서 모습을 보인 백제 칠지도

가 출토되어 백제가 중국 남조와의 활발한 교류를 엿볼 수 있게 해준다.

동아시아에서 일원화된 책봉체제가 국제질서 속으로 들어온 것은 수(隋)왕조가 중국을 통일한 이후의 일이다. 589년 수는 진(陳)을 멸망시키고, 약 400년간 분열되었던 중국 통일에 성공하였다. 수나라는 책봉관계의 불이행을 명목으로 고구려를 원정하였다. 그래서 백제는 수나라와 보다 적극적인 관계를 모색하였다. 이 틈을 탄 백제는 위덕왕 45년(598)에는 수나라에 사신을 보내 '수나라가 고구려를 칠 경우 군사의 길잡이가 되겠다'는 표문을 올리기도 하였다. 그러나 수왕조에 이어 618년 당(唐)나라가 중국을 통일하면서 삼국은 다시 각각 책봉을 받는다. 그러나 백제의 당에 대한 외교는 결국 실패로 끝났다. 당이 그들과의 외교에 보다 적극적이었던 신라와 손잡음으로써, 결국 백제는 나·당연합군의 공격으로 멸망하게 된 것이다.

이렇듯 백제와 중국과의 관계는 책봉을 빌려 우호관계를 유지했을지라도 때로는 갈등을 빚었다. 그러나 백제와 일본(당시의 왜)과의 관계는 상호 협조적이었다고 할 수 있다. 백제는 유학·불교 등 여러 가지의 선진문물을 전해주고, 일본은 백제가 어려울 때 군사력을 동원을 주저하지 않았다.

　백제는 일찍부터 박사(博士) 제도를 두었다. 고구려에서는 소수림왕대 국립교육기관인 태학을 두었다는 기록이 보이고, 신라에는 화랑제도가 있었다. 그러나 백제에 대해서는 특별한 교육기관 명칭이 남아 있지 않다. 다만 시경·서경·역경·예기·춘추 등에 능통한 오경박사(五經博士)와 각종 전문분야의 박사가 존재했다는 기록은 있다. 그런데 이들 박사는 일본에 자주 초빙되었다. 근초고왕대에는 아직기(阿直岐)와 왕인(王仁)을 일본에 보내어 한학을 전하였다. 그리고 무령왕 13년에는 오경박사 단양이(段楊爾)가 일본에 파견되었고, 3년 뒤에는 고안무(高安茂)가 건너갔다. 성왕대인 552년에는 불교경전과 불상을 전해 주기도 하였다. 백제는 오경박사 이외에도 의박사(醫博士), 역박사(易博士), 승려, 기타 미술·공예 등에 관련한 여러 기술자들을 일본에 보내 그들의 문화발전에 이바지하였다.

　이에 일본은 고구려의 공격 때 백제를 지원하였다. 더구나 백제가 나·당연합군의 예봉에 무너지는 위기를 맞았을 무렵인 663년 백촌강(白村江) 전투에는 군사와 더불어 대규모 선단을 파견하였다. 백제와 일본과의 관계는 문화적으로 뿐만 아니라 정치·군사적으로도 상호 긴밀한 관계를 유지했던 것이다.

　이 시대처럼 세계화한 질서 속에서도 국제관계는 나라의 운명을 좌우한다. 아주 먼 옛날이지만, 백제가 존속하였던 삼국시대에도 지금과 같이 국제관계는 중요했다. 한강 유역에서 발흥한 백제는 성장과정에서 고구려·신라와 잦은 전쟁을 치뤄내야 했기 때문에 더욱 그랬다. 따라서 백제 국가는 국내 사정과 더불어 고구려·신라와의 관계에서 유리한 위치를 차지하기 위해 중국·일본 등 국제관계에 민감히 대처하지 않을 수 없었다.

2. 백제 국가의 형성

1) 건국 신화

'백제를 건국한 주체세력은 누구인가' 라는 질문을 받을 때마다 건국시조 온조왕(溫祚王)을 떠올리기 일쑤이다. 그러나 백제 건국을 알리는 사료에는 온조 말고도 비류(沸流)라고 하는 온조의 형이 나온다. 또한 백제 건국의 주체 역시 부여 계통이나, 고구려 계통으로 나누는 등 논자에 따라 주장이 다르다.

백제의 건국을 알리는 기록은 부여·고구려·신라의 건국신화와는 달리 신화적 플롯이 더러 탈색되었다. 그래서 신화라고 하기에는 주저되는 면이 있다. 알에서 태어났다는 고구려 주몽(朱蒙)이나 신라의 박혁거세(朴赫居世)처럼 난생설화(卵生說話)의 요소도 보이지 않는다. 또한 활을 잘 쏘고 무예에 능한 주몽이나, 10세의 나이에 이미 어른으로 자라서 6부(部) 촌장의 추대를 받는 박혁거세와 같은 신이(神異)한 현상도 없다. 즉 백제의 건국기록은 온조와 비류의 출생이나, 성장담에 대한 자세한 내용보다는 건국과정에 집중된 편이다. 우리가 종종 신화를

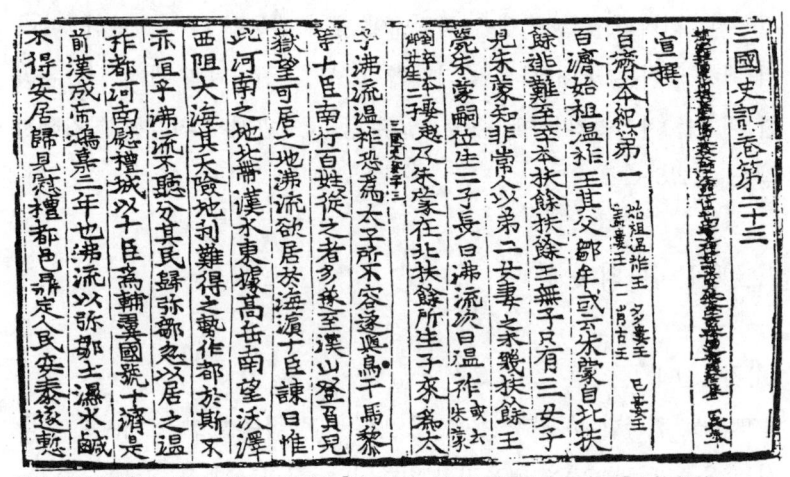

백제 건국과정을 알려주는 중요한 사료인『삼국사기』권 23 백제본기 1 시조 온조왕 즉위조

만날 때는 속에 담긴 원초적 현상과 사유를 찾아 곧잘 역사상을 복원한
다. 그러나 백제의 건국기록은 신화라기 보다는 신이적 요소가 적은 이
야깃거리나, 설화 정도로 보일 수 있다. 그러나 백제 건국설화의 원초
적 모습은 역시 신화의 형태였을 것이다. 시간의 흐름에 따라 신화요소
들이 탈색되면서, 지금처럼 평범한 이야기로 변질되어 신성성을 잃어
버린 것이 아닐까 생각된다. 따라서 백제 건국신화가 언제 무슨 이유로
이처럼 정리되었는가를 짚어 보아야 할 것이다.

  백제의 건국설화를 전하는 기록들은 여러 가지가 있다. 『삼국사기』
권 23, 백제본기 1, 시조 온조왕 즉위조와『삼국유사』권 2, 기이 2, 남
부여조 그리고『주서』열전 동이 백제조 등의 중국사서들이 그것이다.

또한 일본의 역사서인 『속일본기』권 40, 환무천황 8년 12월조와 9년 가을 7월조에도 백제 태조가 도모대왕(都慕大王)이었다는 기록이 보인다. 이같이 백제의 시조는 온조설(溫祚說), 비류설(沸流說), 구태설(仇台說), 도모설(都慕說) 등 각기 다른 전승들이 전해 내려온다.

고구려의 경우 주몽은 동명신화만이 남았고, 신라의 경우 박·석·김에 대한 설화가 있다. 그러나 박혁거세를 중심으로 하는 건국신화만이 『삼국사기』 신라본기 건국기사에 기록되어 있다. 그런데 백제의 건국기록에는 시조로 온조와 비류에 대한 기록이 모두 남아 있다. 이러한 문제를 해결할 열쇠로는 『삼국사기』와 『삼국유사』 기록이 있다. 『삼국사기』 백제본기 1, 시조 온조왕 즉위조와 『삼국유사』 기이 2, 남부여조 내용을 비교해 보면 다음과 같다. '전한 성제 홍가 삼년(前漢 成帝 鴻嘉 三年)'을 『삼국유사』에서는 '한 성제 홍가 삼년(漢 成帝 鴻佳 三年)'으로 잘못 기록하였다. 또한 『삼국사기』에는 '그 세계가 고구려와 더불어 부여에서 나왔기 때문에 부여씨라고 하였다(其世系與高句麗 同出扶餘 故以扶餘爲氏)'고 기록하였지만 『삼국유사』는 '부여로써 성씨를 삼았다(扶餘爲氏)'를 '해로써 씨를 삼았다(解爲氏)'로 바꾸어 적고 있다. 전체적으로 『삼국유사』가 『삼국사기』와 큰 차이를 나타낸다기 보다는 내용을 부분적으로 생략하거나 바꾸어 기록한 것이다.

이 책에서는 『삼국사기』 백제본기 시조 온조왕조에 보이는 건국설화를 빌려 문제의 실마리를 풀고자 한다. 시조 온조 설화는 전체적으로 건국시조인 온조의 치적(治績)을 미화시키는 방향으로 기록되었다. 그러나 온조가 첫째 아들이 아닌 둘째 아들로, 남하의 주동세력이 아닌 보조자로 되어 있다. 이는 왕 자신에게 초자연적 능력을 지닌 여타의 건국신화 분위기와 차이가 난다. 건국신화의 경우 건국 주체의 신성성을 강조하는 보편적 관행에도 불구하고, 백제 신화에는 이같은 플롯이 거의 탈색되었다.

　백제 건국신화의 내용을 좀 더 살펴보기 위해 『삼국사기』 권 23 백제 본기 제1 시조 온조왕조에 보이는 건국신화의 내용을 몇 단락으로 나누어 살펴보면 다음과 같다.

　① 백제 시조 온조왕은 그 아버지가 추모인데 주몽이라고도 한다. 주몽이 북부여로부터 난을 피하여 졸본부여에 이르렀더니 부여왕이 아들은 없고 다만 딸 세자매가 있었다. 주몽을 보고 보통 사람이 아님을 알고 둘째 딸로서 아내를 삼게 하였다. 그후 얼마 지나지 않아서 부여왕이 죽자 주몽이 그의 위를 이었다. 주몽이 아들 둘을 낳았는데 맏아들은 비류요, 둘째아들은 온조이다(어떤 기록에는 '주몽이 졸본에 이르러 월군 여자에게 장가를 들어 두 아들을 낳았다'고 한다). ② 주몽이 북부여에서 낳은 아들이 와서 태자가 되자 비류와 온조는 태자에게 용납되지 못할까 염려하여 드디어 오간·마려 등 10명의 신하를 데리고 남쪽 지방으로 떠나니 백성들 중에도 따르는 자가 많았다. 이리하여 한산에 이르러 부아악에 올라서 살만한 곳을 살폈다. 비류가 바닷가에서 살자고 하니 10명의 신하가 말하기를 '생각하건데 이곳 강물 남쪽 땅은 북으로 한수를 띠었고 동으로는 높은 산악에 의거하고 있으며 남으로는 비옥한 들판이 바라보이고 서쪽으로는 큰 바다에 막혔습니다. 이러한 천연 요새

로 된 좋은 땅이야말로 얻기 어려운 것이니 여기에 도읍을 정하는 것이 좋지 않겠습니까? 하였다. 그러나 비류는 듣지 않고 따라온 백성들을 나누어 가지고 미추홀로 가서 살았다. ③ 온조는 하남위례성에 도읍을 정하고 10명의 신하로서 보좌를 삼고 국호를 십제(十濟)라고 하였다. 이때가 전한(前漢) 성제(成帝) 홍가(鴻嘉) 3년이었다. 비류가 미추홀은 땅이 습하고 물이 짜서 편히 살 수 없다고 여겨 위례로 돌아와서 보니, 도읍이 안정되고 백성들이 태평하니 드디어 부끄럽고 후회되어 죽었다. 그 신하들과 백성들은 모두 위례로 귀속되었다. 그 후에 위례로 올 때 백성들이 즐겁게 따라왔다고 하여 국호를 백제라고 개칭하였다. ④ 그 조상이 고구려와 함께 부여에서 유래했기 때문에 부여로서 씨(氏)를 삼았다.

본문의 내용을 살펴보면, ①에서는 주몽이 비류와 온조의 아버지로 강조되었고, ②에서는 북부여에서 주몽의 아들이 와서 태자가 되자, 이를 두려워한 비류와 온조가 남쪽으로 오는 과정과 비류를 중심으로 하는 세력이 미추홀에 정착하는 과정을 적고 있다. ③에서는 온조가 하남위례성에 건국한 후 미추홀 세력을 흡수하여 도읍을 안정시키고 국호를 백제로 부르게 되는 과정을 보여준다. 따라서 『삼국사기』 시조 온조왕조의 본문은 그 출자를 주몽과 연결시킨 듯하다. 그러나 ④에서는 고구려와 백제는 모두 그 세계가 부여에서 나왔다는 것을 특기였다. 이는 ③까지의 흐름이었던 고구려 출자에 대한 내용과 달리 마지막 부분에서는 부여 출자설을 말하는 것이다. 그래서 건국신화의 시작 부분인 온조의 생부(生父) 주몽에 대한 내용과 마지막 부분의 부여 출자설은 서로 다른 전승이 결합된 것으로 보인다.

　그런데 『삼국사기』 백제본기 시조 온조왕조의 본문 바로 아래의 할주(割註)에서는 본문과 다른 내용을 적고 있다.

　① 일설에 시조 비류왕은 그 아버지가 우태이니, 북부여왕 해부루의 서손이요. 어머니는 소서노로 졸본인 연타발의 딸이라고 한다. 처음 우태에게로 시집을 와서 아들 둘을 낳았으니 첫째는 비류요, 둘째는 온조였다. 우태가 죽은 뒤 졸본에서 홀로 살았다. 그 후에 주몽이 부여에서 용납되지 못하여 전한(前漢) 건소(建昭) 2년 봄 2월에 남쪽 지방으로 도망하여 왔다. 졸본에 이르러 도읍을 정하고 국호를 고구려라고 하였으며 소서노에게 장가들어 왕비로 삼았다. 주몽이 나라의 기틀을 열고 왕업을 창시함에 소서노의 내조가 매우 많았음으로 주몽이 소서노를 특별한 사랑으로 후하게 대하였고 비류 등을 자기의 자식과 같이 여겼다. ② 주몽이 부여에서 낳았던 예씨(禮氏)의 아들 유류(孺留)가 오자 그를 세워 태자로 삼아 주몽의 위를 잇도록 하였다. 이에 비류가 아우 온조에게 말하기를 '처음 대왕이 부여에서의 난을 피해 이곳으로 도망하여 왔을 때 우리 어머니가 가산을 털어서 나라의 위업을 성취하도록 도왔으니 그 노고가 많았었다. 대왕께서 돌아가신 후에 나라가 유류에게 귀속되니 우리들이 헛되이 여기에서 몸의 군더더기 살처럼 침울하게 지내기보다는 차라리 어머님을 모시고 남쪽 지방으로 가서 땅을 선택하여 따로 나라의 도읍을 세우는 것만 같지 못하다'라고 하였다. 드디어 그의 아우와 함께 무리를 이끌고 패수와 대수를 건너 미추홀에 와서 살았다.

이와 같이 『삼국사기』 백제본기 즉위년조에 나란히 실린 내용이면서도 시조 온조왕조의 본문과 할주 사이에는 많은 차이점이 보인다. 즉할주 ①에서는 본문과 달리 비류와 온조의 아버지가 주몽이 아니라, '북부여왕 해부루의 서손인 우태'로 기록되어 있다. 즉 원래 아버지는 우태였는데, 소서노가 주몽에게 재가하게 됨에 따라 주몽이 비류와 온조의 아버지가 된 것이다. 이같이 할주에는 본문 말미에서 밝힌 부여 출자설을 확실히 하고 있다.

또 ②에서는 본문과 달리 비류와 온조가 미추홀(지금의 인천)과 위례 (지금의 서울)로 각각 나누어 수도를 정한 것이 아니라 모두 미추홀로 간 것으로 되어 있다. 이를테면 본문이 온조 중심으로 기록된데 반해, 할주는 비류를 중심으로 적은 것이다. 그렇다면 시조 온조왕조의 본문과 할주 가운데 어떤 것이 당시의 상황을 제대로 반영하고 있는 것일까. 두 사료를 잘 검토하면 두 내용이 상호 보완되고 있다는 점을 발견할 수 있다.

본문에서는 '주몽이 북부여에서 낳은 아들이 와서 태자가 되었다'고만 기록하고, 주몽의 아들 이름은 적지 않았다. 그런데 할주에서는 '예씨의 아들 유류(孺留)'라고 구체적으로 이름을 밝혔다. 그리고 비류와온조가 건국하게 된 동기가 할주에서는 좀 더 구체적으로 나온다. 그이유란 '처음 대왕이 부여의 난을 피해 이곳에 왔을 때 우리 어머니의 도움으로 국가의 기틀을 이루었는데, 왕이 돌아가시자 국가가 유류에게 넘어가니 어머니를 모시고 남쪽으로 내려가 별도로 국도를 세우는 것이 좋겠다'고 말한 것이다. 따라서 『삼국사기』 본문과 할주는 서로의 내용을 보충하면서도 할주의 내용이 좀 더 구체성을 띠고 있다.

그리고 두 기사를 비교해 보면, 어느 사료가 더 오랜 전승이었는지를 유추할 수 있다. 온조 전승의 가부장적 요소와는 달리 비류 전승에서는 대우혼의 요소가 남았고, 또 온조 전승에는 온조를 보필한 '십신(十臣)'이라는 무사단(武士團)적인 성격이 추가되었다. 따라서 비류 전승이 온조에 비해 더 오래되었다고 볼 수 있다. 즉 본문보다는 '비류를 중심으로 미추홀에 먼저 도읍했다'는 내용을 담은 할주가 더 원형적으로 서술되었다는 것을 알 수가 있다.

미추홀은 해상교통의 요지이다. 백제의 국호에 십제(十濟)·백제(伯濟)·백제(百濟) 등 '제(濟)'를 붙인 사실에서도 백제 건국집단의 해상세력적 성격이 드러난다는 연구도 있다. 어떻든 백제 건국집단이 해상세력인가하는 문제는 별도로 하더라도 비류와 온조가 해상을 거쳐 이주해 왔고, 이들의 초기 정착지가 미추홀이었다는 점은 부정할 수 없을 것이다.

미추홀 세력은 본문에 보이는 것처럼 온조가 위례성으로 도읍을 정한 후 안정된 모습을 본 것으로 기록하였다. 그래서 미추홀 세력이 위례성으로 귀부하게 된다. 이로 미루어 비류를 중심으로 먼저 미추홀에 정착했던 온조세력이 이후 오간(烏干)·마려(馬黎) 등 십신(十臣)으로 상징되는 세력을 이끌고 위례에 도읍했음을 유추할 수 있다. 『삼국사기』 할주는 비류의 미추홀 정착이 먼저 이루어진 것으로 기록하였다. 그 첫머리에 백제의 시조를 '비류왕' 이라고 밝힌 것도 이 때문일 것이다.

『삼국사기』 고구려본기 1, 동명성왕 19년조에는 동명성왕(東明聖王)의 아들 유리(類利)가 어머니와 함께 부여로부터 고구려로 도망온 시기가 기원전 19년 여름 4월로 나온다. 그리고 동명성왕이 승하한 것이 가을 9월의 일로 기록되어 있다. 그런데 할주에서는 비류가 "대왕께서 돌아가신 후에 나라가 유류에게 귀속되니 우리들이 헛되이 여기에서 몸의 군더더기 살처럼 침울하게 지내기보다는 차라리 어머님을 모시고 남쪽 지방으로 가서 땅을 선택하여 따로 나라의 도읍을 세우는 것만 같지 못하다"고 하였다. 또 그의 아우와 함께 무리들을 이끌고 패수와 대수를 건너 미추홀에 와서 살았다'고 하여 비류와 온조가 남쪽으로 내려온 시기가 동명성왕이 승하한 기원전 19년 가을 9월 직후였음을 일러준다.

그런데 널리 알려진 것처럼 온조가 왕위에 올라 백제를 건국한 것은 고구려 유리왕(瑠璃王) 2년(기원전 18年)이다. 따라서 비류와 온조가 남쪽으로 내려온 기원전 19년과는 시간상의 차이를 보인다.

이때 또 하나의 기록이 관심을 끈다. 그것은 『제왕운기』 권 하 동국군왕개국연대병서(東國君王開國年代幷序) 백제기이다. 여기에는 '형인 은조(비류)가 남쪽으로 내려 와서 나라를 세웠는데, 5개월 후에 죽었다'고 기록되었다. 즉 『제왕운기』에서는 먼저 왕위에 오른 것이 비류였는데, 그가 곧 죽어 온조가 왕위를 잇는 것으로 되어 있다.

이와 같이 실제로 남하하는 과정에서는 비류가 중심이 되었던 것으로 보인다. 그렇다면 왜 『삼국사기』에는 시조로서 온조왕을 말하고 있는 것일까. 이는 비류가 처음 자리를 잡은 미추홀의 정착기간이 짧았기 때문일 것이다. 그런데 온조왕대 백제는 차근차근 기틀을 다져 국가의 골격을 잡아 나갔다. 이 때문에 온조 중심으로 건국신화가 성립되었던 것으로 보인다.

이에 따라 온조와 그 주도세력이 역사의 주인공으로 남게 되었을 것이다. 그리고 비류와 온조세력이 남쪽으로 오면서 미추홀에 일정기간 머물렀기 때문에 비류 중심의 미추홀 세력 이야기도 건국설화 속에 삽입되었던 것으로 보인다. 비류계가 주도한 초기의 미추홀 세력이 온조계로 이동해 가는 과정에서 위례성으로의 천도가 이루어졌음을 알 수 있다. 백제 건국신화의 초기 형태는 비류 시조 전승에 더 가까웠다. 그러나 온조가 미추홀 세력을 결합하면서 두 시조 전승의 결합이 이루어지고, 비류계 세력을 껴안기 위해 비류를 형(兄)으로 하는 형제 관계가 신화 속에서 생성되었을 것이다. 그리고 온조 중심의 건국신화의 정착은 근초고왕대에, 그리고 비류왕 시조 전승은 이에 앞서 비류계로 추정되는 고이왕대에 이루어졌을 가능성을 생각해 볼 수 있다.

앞서 살펴본 것처럼, 백제 건국설화를 전하는 『삼국사기』 본문과 할주에서 공통적으로 강조된 것은 부여계 유이민 세력이라는 것이다. 백제사의 전개과정에 나타난 부여계 유이민으로서의 의식은 『삼국사기』 시조 온조왕조 할주 이외에도 곳곳에서 찾아볼 수 있다.

『위서』 열전 백제전의 기록에는 백제 개로왕(蓋鹵王)이 472년에 북위(北魏)에 보낸 국서에서 '백제가 고구려와 더불어 부여에서 근원했다'

는 것을 밝히고 있다. 또한 일찍이 온조왕대부터 동명묘(東明廟)에 제사를 지내고, 또 시조 구태묘(仇台廟)를 국성(國城)에 세워 사시(四時)로 제사를 올린다는 것은 백제 국가의 정통성을 어디에서 찾는가를 직접적으로 설명하는 것이다.

시조 동명묘는 백제 고유의 신앙대상이었고, 즉위의례로서 최고의 제사의례이기도 하였다. 동명은 북부여·고구려 등 부여족 사회에서 각기 시조로 내세운 인물이었거니와, 이같은 동명과 관련된 백제쪽의 자료는 백제에서도 동명을 시조로 하는 건국설화가 존재했음을 보여준다. 즉 백제와 고구려의 왕족들이 각기 동명을 시조로 표방한 것은 동명의 계승자로서 왕족의 신성한 권위를 상징하기 위한 것이었다.

한편 부여계 이주민으로서의 성격은 성왕 16년 봄에 사비(泗沘)로 수도를 옮기고, 남부여(南扶餘)로 국호를 개칭한데서도 분명히 나타난다. 부여라는 존재가 소멸된 상태에서 출자를 부여에서 구한 것은 백제가 당시 적대 관계였던 고구려에 편입되어 사라진 부여를 상징으로 끌어안아 새로운 도약의 계기로 삼겠다는 것으로 추측된다. 이같은 사료들은 건국설화에서와 같이 백제 국가의 출발점이 부여에서 유래하였음을 확인시켜 주고 있다.

그런데 백제 건국설화에서 보이는 것처럼 온조가 위례성에 도읍해 건국한 뒤의 국호는 십제(十濟)였다. 오간과 마려 등 열명의 신하가 보좌했기 때문에 붙여진 십제란 표현이 본문에만 등장하는 것으로 보아 이는 온조계 중심의 서술이 아닌가 한다. 온조의 건국과정에 이들 남하세력의 도움이 컸다는 사실을 의미하는 것으로도 풀이할 수 있다.

그리고 국호의 변화는 백제 국가의 성장과정을 의미한다. 즉 처음의 국호 십제(十濟)에서 백제(百濟)로 바꾼 시기는 미추홀에 남았던 비류세력이 귀속해 오고, 온조왕이 토착적인 마한의 백제(伯濟)세력을 쳐서 통합함으로써 보다 넓은 의미의 백제로 변화하게 되었다. 즉 '그 백성들이 모두 위례로 돌아왔는데, 그 후 돌아올 때 백성들이 즐겁게 따라왔기 때문에 국호를 백제로 고쳤다(其臣民皆歸於慰禮 後以來時百姓樂從改號百濟).'는 데서 국호의 의미를 다시 생각할 수 있다.

이와 같이 국호의 변화가 상징하는 의미는 크다. 백제가 부여계 유이민 집단으로서 기존의 토착세력과 결합하여 국가를 발전시켰고, 이에 따라 복합성이 강한 사회로서의 성격을 띠게 되었다는 것을 의미하는 것이다.

2) 위례성과 한성

위례성과 한성은 어디에 자리했었나. 왜 웅진(공주)으로 수도를 옮기기 이전을 '한성시대(漢城時代 : 建國~475年)'라 부르는가. 우리는 백제 건국문제와 관련해 그 역사가 전개되었을 무대가 궁금해진다. 그러나 지금까지 위례성이 어디였는지, 또 한성이 어디였는지를 확언하기가 어렵다.

한성시대는 당시의 도읍에서 따온 백제사의 한 시대구분이다. 지금도 그렇지만, 당시의 도읍이란 정치·경제·문화의 중심지로서 국가 건국

백제 한성시대의 도성이었던 풍납토성 발굴 현장(2004년)

기에 중요한 위치를 차지하였다. 따라서 백제사를 수도의 변천에 맞추어 한성시대·웅진시대·사비시대라고 부른다. 그런데 한성시대의 도읍지, 특히 왕성(王城)에 대한 논의는 분분하다. 『삼국사기』 백제본기에는 건국 당시의 도성, 온조왕 14년에 천도하는 도성, 근초고왕 26년의 이도지(移都址), 개로왕대의 도성 등 다양한 기록이 남아 있기 때문이다. 이로 말미암아 연구자들이 사료를 어떻게 해석하느냐에 따라 그 변천과정과 위치에 대한 다양한 의견이 제기되었다.

먼저 『삼국유사』 기이편(奇異編) 남부여(南夫餘) 전백제조(前百濟條)에서는 위례성(慰禮城), 한산(漢山), 북한산(北漢山)을 각각 지금의 직산

(稷山), 광주(廣州), 양주(楊州)에 비정하였다. 이러한 위치 비정은 그 이후 『고려사』와 『세종실록』 지리지 및 『신증동국여지승람』에 그대로 계승되었다. 안정복의 『동사강목』에서도 위례성을 직산으로 비정했으나, 하남위례성은 광주, 한성은 한양부로 비정하는 견해도 있다. 그런데 조선 후기 실학자인 정약용은 위례성을 직산에 비정하던 종래의 견해에 이의를 제기하면서 삼각산 동쪽 산록 한양고읍을 위례성으로 보았다. 그러나 두 견해 모두 위례성→하남위례성→한성으로 백제의 도성이 변천했다는 데는 의견을 같이 했다.

그 후 위례성→한남성→한산성으로 백제 도성을 파악하거나, 위례성→하남위례성→한성으로 변화했다고 보면서, 근초고왕 26년에 이도(移都)한 한산은 한성과 같다는 견해도 제기되었다. 또 위례성(세검정 계곡 일대)→하남위례성(춘궁리 일대)=한성(남한산)이라고 파악해 하남위례성이 한성과 같다는 결론을 내리기도 하였다.

하북위례성(중랑천 부근)→하남위례성(몽촌~이성산성 사이)→한성(남한산성)으로 파악해 하남위례성과 한성을 달리 본 견해도 있다. 그리고 하북위례성(中浪川 일대)→하남위례성(夢村土城)→한산(춘궁리 일대)→한성(이성산성)으로 비정하면서 하남위례성을 몽촌토성으로 본 견해를 이후 유력하게 받아들인 적도 있다.

최근에는 백제 초기 도읍지에 대한 문제가 더욱 세분화되어 하북위례성(성동구와 동대문구 일대)에서 하남위례성(漢城)으로 변화된 것으로 보았다. 이에 따라 한성 가운데에서 백성들이 머물던 곳은 현재의 풍납토성이고, 한성 가운데 하남위례성이라고도 하는 왕성은 현재의 몽촌 토성이라는 견해들이 제기되었다. 왕성과 백성들이 거주하던 거민성의 개념을 합한 것을 넓은 의미의 도성으로 파악하였던 것이다.

근초고왕대 일시적으로 한산으로 천도할 때까지 왕도로서 역할을 했던 거점이 한성이라는 점에서 백제 초기 왕도로서 한성이 차지하는 의미는 크다. 이 때문에 웅진으로 도읍을 옮기기 이전 시기를 '한성시대'라고 할 수 있는 것이다. 근초고왕대에 한산(漢山)으로 도읍을 옮긴 기록은 앞서 한성 때와는 달리 천도(遷都)란 표현을 쓰지 않고, 이도(移都)라고 표현하였다. 이는 영구적인 천도가 아니라 일시적이었던 것으로 생각된다. 왜냐하면 『삼국사기』 백제본기 3, 개로왕 21년조를 보면 '고구려 장수왕이 병사 3만을 이끌고 와서 왕도인 한성을 포위했다' 라고 해서 개로왕 당시의 도성이 한성이었음을 알려주기 때문이다. 그러므로 근초고왕 26년 '한산으로 이도(移都)' 했다는 기록은 백제가 고구려왕을 살해함으로써 이에 대한 반격을 우려해 수도 방비를 강화하기 위해 산성으로 방어선을 옮긴 것이 아니가 한다. 즉 한산(漢山)은 한산성(漢山城)이다. 한성이란 명칭과 비교해 본다면 한성에서 그리 멀지 않은 지역이었을 것이다. 온조왕 14년 한성으로 도읍을 옮기기 전인 13년 가을 7월에 한산 아래에 책(柵)을 세워 위례성의 민호를 옮긴 기록을 통해서도 이를 확인해 볼 수 있다. 따라서 근초고왕대의 '한산으로 도읍을 옮긴 것'은 일시적인 것이었으며, 이후 한산성은 계속 방어의 필요성으로 강조되었을 것이다.

고구려에서도 건국 초기부터 지금의 요령성(遼寧省) 환인현(桓仁縣) 육도하자향(六道河子鄕) 하고성자촌(下古城子村)에 자리한 평지성(平地城)인 하고성자토성(下古城子土城)이 있다. 이 성은 산성(山城)인 흘승골성(紇升骨城)을 기능적으로 배합시켜 졸본성(卒本城)으로 알려진 고구려 특유의 왕도(王都)체계를 구축하였다. 즉 삼국시대의 도성은 모두 유사시를 대비한 산성을 도성 주위에 두어 도성과 산성이 하나의 도성체제를 갖추었던 것이다.

따라서 백제에서도 평지성인 한성(漢城)과 산성인 한산성(漢山城)을 유기적으로 운영하는 왕도체제(王都體制)를 구축했던 것으로 보인다. 개로왕대 한성 함락 시기에 보이는 '고구려 장수왕이 군사 3만을 이끌고 와서 왕도인 한성을 포위했다… 고구려군이 와서 북성(北城)을 7일 동안 공격해 차지하고 옮겨와서 남성(南城)을 공격하였다'라는 기록에서의 북성(北城)과 남성(南城)이 바로 평지성인 한성과 산성인 한산성으로 운영되던 백제의 왕도체제를 암시해 주고 있다. 따라서 백제 한성시대의 도성은 위례성→한성(하남위례성)→한성+한산성으로 변화해 갔다고 보인다.

그렇다면 백제시대의 위례성과 한성은 지금의 어디일까. 그 위치비정은 아직 고고학적인 성과들이 정리되지 않아 어디라고 확언하기 힘들다. 그러나 문헌사료의 검토를 통해 보았을 때 위례성은 하남위례성과의 대구에 주의하여 역시 강북에서 찾아야 한다는 생각이다. 이 경우 북한산 일대 또는 중랑천 일대가 유력하다. 그리고 초기 위례성의 영향

백제 한성시대 왕성인 몽촌토성의 복원된 목책

으로 하남위례성으로도 표현됐던 한성은 역시 최근의 발굴성과와 주변 고분의 분포상황으로 미루어 몽촌토성(夢村土城) 일대가 타당할 것이다. 그리고 왕도에는 왕성(王城)만이 있었던 것이 아니라 백성들이 거처하던 성이 있었음을 염두에 둔다면, 풍납토성이 이에 해당되지 않는가 생각된다. 또 한산성은 한성과 한산이 평지성과 산성으로서 도성체제를 갖춘 것으로 볼 때 남한산성 일대를 비정할 수 있을 것이다.

한성시기 도성에 대한 기존의 연구에서는 백제 초기 도읍지의 미묘한 차이점을 드러낸다. 이는 아마도 고고학적으로 뒷받침할만한 구체적인 증거들이 충분히 확보되지 못했기 때문일 수도 있다. 따라서 한성시대

도읍지 문제의 실마리는 백제 건국신화를 비롯한 사료와 함께 고고학과의 유기적 관계 속에서 이루어진 연구 결과에서 찾아야 할 것이다.

3) 마한(馬韓)과의 관계

백제 건국문제를 이야기할 때 빼놓을 수 없는 존재가 있다. 이는 비류와 온조가 한강 유역에 도달하기 전 이 지역을 차지했던 마한(馬韓)세력이다. 이 세력은 백제 국가의 토착적 기반이었다. 백제 국가를 온전히 이해하기 위해서는 마한의 문화가 백제 기층문화의 한 부분을 이루었다는 점을 간과해서는 안된다.

앞서 살펴본 것처럼 백제 국가의 기원과 형성문제를 살피는데 가장 기본이 되는 사료는 『삼국사기』 백제본기의 초기기록과 중국사서인 『삼국지』 위지 동이전 한전이다. 그런데 두 사료는 편찬시기뿐 아니라 내용에서도 커다란 차이를 보인다. 그래서 무엇보다도 이에 대한 합리적인 해석이 필요하다. 『삼국지』 위지 동이전 한전의 기록을 살펴보면 다음과 같다.

한(韓)은 대방의 남쪽에 있는데 동쪽과 서쪽은 바다로 한계를 삼고 남쪽은 왜와 접하니 면적이 사방 4천 리쯤 된다. 한에는 세 종족이 있다. 첫째는 마한(馬韓), 둘째는 진한(辰韓), 셋째는 변한(弁韓)으로 진한은 옛 진국(辰國)이다. 마한은 서쪽에 위치하였다. 그 백성은 토착생활을 하고 곡식을 심으며 누에치기와 뽕나무를 가꿀 줄 알고 면포를 만들었다. 각각 장수(長帥)가 있어서 세력이 강대한 사람은 스스로 신지(臣智)라고 하고, 그 다음은 읍차(邑借)라고 하였다. 산과 바다에 흩어져 살았으며 성곽이 없었다. 마한의 여러 나라들로는 원양국(爰襄國)·모수국(牟水國)·상외국(桑外國)·소석색국(小石索國)·대석색탁국(大石索涿國)·우휴모탁국(優休牟涿國)·신분고국(臣濆沽國)·백제국(伯濟國)·속노불사국(速盧不斯國)………건마국(乾馬國)·초리국(楚離國) 등 모두 50여 국이다. 큰 나라는 1만여 가이고 작은 나라는 수천 가로서 총 10여 만호이다…….

『삼국지』는 진(晉)나라의 진수(陳壽)가 개인적으로 편찬한 정사이다. 중국 삼국시대인 220년~265년 사이의 역사를 담고 있다. 『삼국지』 동이전은 「위지」(魏志) 권 39인 오환·선비·동이전에 수록되었다. 그래서 『삼국사기』 이전의 역사 기록을 남기지 못한 우리에게 귀중한 사료로 차용되고 있다. 『삼국지』 동이전에는 부여(夫餘)·고구려(高句麗)·동옥저(東沃沮)·읍루(邑婁)·예(濊)·한(韓)에 대한 정치·지리·사회 풍속 등에 대한 기록이 실려 있다. 그래서 당시의 역사상을 알려주는 사료로서의 가치가 높다.

『삼국지』 위지 동이전 한전의 기록을 따른다면, 지금의 백제 지역에는 3세기까지도 마한 중심의 역사가 진행되었다. 백제국은 마한을 구성하는 54국 가운데 하나인 백제국(伯濟國)이었을 뿐이다. 이는 우리가 『삼국사기』로만 이해한 당시의 백제상과는 거리가 멀다. 그래서 『삼국지』 위지 동이전의 기록을 그대로 받아들여 백제 국가의 형성시기를 늦추어 잡을 수는 없다. 또 이를 부정해 당시 백제국(伯濟國)을 백제(百濟)

로 이해하는 견해에도 문제점은 있을 것이다.

『삼국지』동이전은 편자인 진수가 직접 동이(東夷) 지역을 답사하여 이를 자세히 기록한 것이 아니다. 종군자(從軍者)나 군리(軍吏) 등의 보고를 토대로 쓴 것이다. 중국과의 관계도 후한 말에서 삼국 초기에 이르는 관계기사, 특히 공손씨(公孫氏)와 관구검에 관련된 기록들이 대부분이다. 따라서 『삼국지』의 사료적 가치는 귀중하지만, 동이전이 과연 3세기 당시의 한반도 상황을 제대로 기록했는지를 살피는 작업은 별개의 문제로 다루어져야 한다.

백제와 중국과의 직접 교류는 근초고왕 27년(372) 동진(東晉)과 교통하면서부터 이루어졌다. 그 이전 백제 지역의 기록은 『삼국지』동이전에 의존할 수밖에 없다. 그러나 이 사서의 기록에서 보이는 것처럼 마한을 대표로 한 이전의 사실들이 주류를 이루었다. 따라서 『삼국지』위지 동이전을 근거로 『삼국사기』초기기록의 백제를 불신하는 것은 바람직하지 않다. 이 보다는 『삼국지』위지 동이전의 기록을 토대로 『삼국사기』초기기록을 적극적으로 분석하는 연구방법이 모색되어야 할 것이다. 이같은 두 사서의 합리적 해석은 백제 초기 역사 연구의 과제라고 할 수 있다.

그렇다면 백제와 마한은 어떤 관계였을까. 백제 건국기 백제와 마한의 관계를 단적으로 보여 주는 기록이 『삼국사기』온조왕 24년(기원후 6년) 가을 7월에 보인다.

백제 한성시대 도성이었던 풍납토성 주거지 발굴 전경

왕이 웅천에 목책을 세웠더니 마한왕이 사신을 보내어 책망하여 말하였다. "왕이 처음 강을 건너 와서 발붙일 곳이 없을 때 내가 동북방 1백 리되는 땅을 나누어 정착하도록 하였으니 내가 왕을 대우한 것이 후하지 않았다고 할 수 없다. 마땅히 은혜 갚을 것을 생각하여야 할진대 이제 나라가 완비되고 백성들이 모여들자 대적할 자가 없다고 생각하여 성과 연못을 크게 설치하고 우리의 영역을 침범하니 이것이 의리라고 할 수 있겠는가?" 그러자 온조왕이 부끄러워서 곧 목책(木柵)을 헐었다.

이 기록에서 백제가 처음 정착한 한강 유역이 마한의 땅이었던 것을 알 수가 있다. 즉 백제의 국가 형성 과정에서 마한은 매우 중요한 상대세력이었다. 마한왕은 유이민인 온조세력의 한강 유역 정착을 양해했던 사실이 분명하게 보인다. 이는 아마도 백제 건국기 마한의 위협세력이었던 낙랑과 말갈 등의 적대세력을 백제를 통해 차단하기 위한 의도적인 정략이었던 것으로 보인다. 그래서 온조를 비롯한 유이민 세력의 정착을 허용한 것이 아닌가 한다. 이에 백제왕은 마한에 신기한 사슴을 보내거나, 말갈과의 전투에서 사로잡은 추장 소모(素牟) 등을 받치고 있다. 또한 일찍이 온조왕 14년 한성으로 도읍을 옮기기 전인 13년 8월에는 마한에 사신을 보내 도읍을 옮긴다는 사실을 알리는 등 의례적인 복속관계를 유지하고 있었다.

이는 백제도 말갈과 낙랑의 압력에 대한 조처로서 마한과의 우호관계를 유지·강화시킬 필요가 있었기 때문이었다. 또한 초기의 백제는 마한의 인정아래 세력을 확장시키면서, 낙랑과 말갈세력을 견제할 수 있었던 것이다. 그러나 백제가 팽창하기 위해서 마한은 극복해야 할 대상이었다. 따라서 백제의 팽창은 마한세력의 축소와 반비례하는 가운데 진행되었다. 『삼국사기』에는 온조왕 26년에 마한이 완전히 멸망한 것처럼 기록되었다.

겨울 10월 왕이 군대를 거느리고 겉으로는 사냥을 한다고 말하고는 몰래 마한을 습격했다. 드디어 마한의 국읍이 멸망하였다. 오직 원산·금현 두 개의 성만이 고수하고 항복하지 않았다.

백제가 마한을 칠 때 기습적으로 공격한 것은 마한이 아직은 세력을 다 잃지않은 중요한 상대였기 때문이다. 마한의 땅 1백여 리를 얻어 출발한 온조세력이 마한을 이길 수 있었던 힘은 말과 활에서 비롯되었을 것이다. 『삼국지』동이전 한전에는 '마한인들이 소나 말을 탈 줄 모르기 때문에 소나 말은 모두 장례용으로 써 버린다'는 기록이 보인다. 온조세력은 고구려 주몽의 건국과정을 도왔다는 정치적 경험과 기마(騎馬)와 습사(習射)라는 새로운 전술을 구사함으로써 마한세력을 물리치는 요인이 되었던 것으로 보인다.

그렇다면 백제가 멸망시켰다는 마한이 『삼국지』동이전에 나오는 마한 50여 개국 전체인가. 이는 아닌 것으로 보인다. 우리는 매스컴에서 전라남도 지역 무덤 출토품들이 '5~6세기 마한의 유물이다'라는 등의 해설기사를 종종 본다. 심지어는 1996년 7월 8일부터 조사한 나주 복암리(羅州 伏岩里) 고분에서 금동신발 1쌍이 나오자 이를 영산강 유역 마한세력의 수장급의 것으로 보기도 하였다. 그리고 6세기 초까지 마한이 존속했다는 내용도 덧붙였다.

그러나 나주에서 나온 금동신발 형태는 공주 무령왕릉(武寧王陵)의 것과 유사하다. 또 횡혈석실분 내에 4개의 대형 옹관이 안치되어 있다. 백제의 세력권 안에 포함된 것으로 보아야 한다. 이러한 유구와 유물들이 나올 때마다 6세기까지 마한의 세력이 강대했던 것처럼 말하는 것은 백제의 영역확장과 이에 따른 지방통치체제의 정비과정에 대한 이해가 부족하기 때문에 일어나는 현상일 것이다.

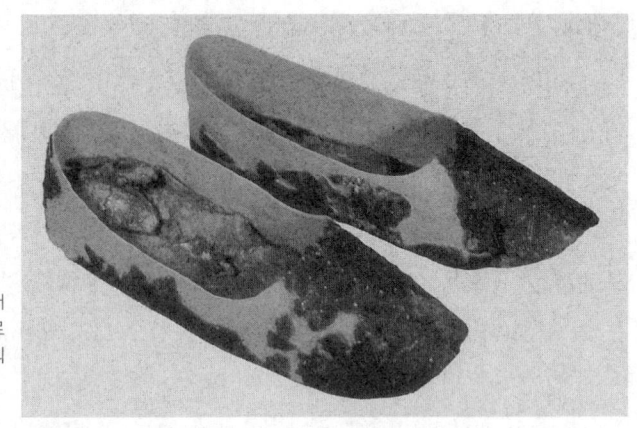

나주 신촌리에서
출토된 금동신발로
백제 지방세력의
존재를 알려준다.
(국립중앙박물관)

　이때 중요한 것은 마한의 존재를 단일한 정치체로 파악해서는 안된다
는 것이다.『삼국지』동이전의 마한 54개국은 점진적으로 통합되는 가
운데 몇 개의 국(國)을 중심으로 세력권을 형성했던 것으로 보인다. 마
한을 몇 개의 세력권으로 보면, 먼저 목지국(目支國) 세력, 차령산맥 이
남의 금강 유역 세력 그리고 영산강 유역 세력으로 나눌 수 있을 것이
다. 이 세 부류의 마한세력이 동시에 주도권을 차지한 것은 아니었다.
백제 국가의 성장에 따라 그 중심세력에 변화가 있었다.

　먼저 온조왕 26년에 병합한 마한은 초기에 세력을 장악했던 목지국
(目支國) 세력으로 생각된다. 목지국의 성격이나 위치는 여러 견해가
있다. 우선 직산설과 예산설이 주목된다. 일부 마한 지역을 정복한 후
온조왕 36년에 탕정성(지금의 온양)에 백성들을 살게 하고, 또 원산(圓
山)·금현(錦峴) 두.개의 성을 수리한 사실은 얼마만큼 이를 입증한다.

이때 멸망한 마한의 중심지가 온양 지역 일대를 넘지 않았을 것으로 보인다. 목지국 중심의 마한세력이 멸망하게 되자 마한세력의 중심지는 금강 유역인 익산 지역으로 넘어갔을 것이다.

백제는 근초고왕대(346~374년)에 들어서면서 적극적인 영토 개척에 나선다. 근초고왕대에 고구려와의 군사적 긴장상태가 고조되는 와중에서도 배후기지의 확보를 위해 심혈을 기울였다. 그래서 전라도와 낙동강 유역으로의 세력 확산에 매우 적극적인 정복 의지를 드러냈다.

근초고왕 20년(365년)에는 전남 해안에 도달하는 과정에 낙동강 중·하류의 가야 지역 일부를 제압하여 백제 세력권 아래 두었다. 그러나 이때 이루어진 근초고왕의 정벌은 마한 지역 전체가 백제의 영역으로 흡수된 것은 아니었다. 근초고왕은 전라남도 지역까지 진출했지만 이는 일시적인 공격이었고, 이때 완전 흡수된 마한세력은 영산강 이북의 금강 유역권이었다. 영산강 유역에 존재하였던 기존의 마한 토착세력은 완전히 해체되지 않았다. 근초고왕의 마한 지역 정벌을 계기로 익산 중심의 금강 유역 세력은 직접통제가 가능하였지만, 영산강 유역 일대의 세력권은 아직 독자적이거나 또는 백제의 간접지배 지역으로 남게 되었던 것이다.

영산강 유역에서는 4세기 이후에도 이전의 전통적인 묘제였던 옹관묘가 계속 조영되고 있다. 익산 입점리(益山 笠店里)에서 출토된 금동관(金銅冠)의 주인공은 바로 토착의 수장급(首長級)에 해당되는 유력한 재지세력으로써 백제 세력권에 편입되었음을 보여준다.

나주 신촌리에서
출토된 금동보관
(국립중앙박물관)

　마한의 마지막 중심 세력권으로 남았던 지역은 영산강 유역의 나주
(羅州)였다. 그래서 한반도에서 유독 영산강 유역에서만 대형옹관묘들
이 출토되고 있다. 이러한 옹관묘의 분포는 영산강 유역이 마한시대에
강력한 세력의 문화권이었다는 사실을 알려준다. 특히 나주·영암 지
역에는 옹관묘가 집중 분포되어 1천여 기에 달하는 고분을 확인하였다.
그러나 동성왕·무령왕대에 영산강 유역의 마한 잔존세력은 공격을 받
는다. 이로써 사비천도 후 지방의 5방체제가 실시되고, 마한 지역의 토
착기반은 와해되기에 이르른다.
　이같은 마한의 쇠퇴는 우선 신분을 상징하는 관식(冠飾)의 변화를 가
져왔다. 6세기 중엽 이후 점차 소멸되는 나주 신촌리 옹관묘에서도 금
동관이 출토되었다. 그러나 이보다 늦은 시기에 축조된 백제 양식의 무

덤인 횡혈식 석실분(橫穴式 石室墳)에서는 금동관 아래에 해당하는 은제관식(銀製冠飾)이 나온다. 이들 두 지역의 묘제(墓制)와 출토유물의 변화양상을 비교할 때 마한세력들은 6세기 중엽이 지나면서, 백제 중앙의 제도적 통치질서 속에 완전히 편제되었던 것으로 파악할 수 있다.

백제 국가는 성장과정에서 고구려·신라뿐 아니라 토착적 기반이었던 마한세력이라는 또 하나의 장애물을 만났던 것이다. 그래서 간접 또는 지접 통치를 빌려 부여계 유이민(扶餘系 流移民)으로서의 전통과 토착적 기반인 마한문화를 완전한 융합하기 위한 노력을 경주하지 않을 수 없었으며, 이 과정이 바로 백제 역사의 전개과정이라고 말할 수 있다.

3. 한성시기의 백제

1) 고이왕의 제도정비

백제의 통치체제를 이해하기 앞서 이번 장에서는 왕들을 중심으로 백제사의 전개과정을 살피고자 한다. 그렇다고 역사의 주체가 지배층 또는 왕이라고 판단하지는 않는다. 다만 고대사의 약점으로 지적되는 사료의 부족은 역사의 주체였던 대다수 민중들의 기록과 자취를 밝히기 어렵게 만든다. 따라서 남아 있는 기록을 토대로 백제의 왕들을 중심으로 백제사의 변화 발전과정을 이해할 수밖에 없을 것이다.

고이왕(古爾王)은 백제 제8대 왕이다. 시조 온조왕과 다루왕·기루왕·개루왕·초고왕·구수왕·사반왕을 이어 왕위에 오르는 인물이

다. 『삼국사기』 백제본기에서는 그가 왕위에 오른 과정을 다음과 같이
기록하고 있다.

> 개루왕의 둘째 아들이다. 구수왕이 왕위에 있은 지 21년에 죽자 그 아들인 사반이
> 왕위를 이었으나, 나이가 어려서 정사를 잘 처리하지 못하므로 초고왕의 모제(母
> 弟)인 고이왕이 즉위하였다.

이 『삼국사기』의 기록으로 볼 때, 그의 즉위는 정상적인 것은 아니었
다. 제2대 다루왕은 온조의 맏아들이었다. 이에 3대 기루왕은 다루의
맏아들, 4대 개루왕이 기루왕의 아들, 5대 초고왕은 개루왕의 아들, 6
대 구수왕은 초고왕의 맏아들이었다. 그리고 왕위에 오르자마자 쫓겨
난 7대 사반왕도 구수왕의 맏아들이다. 따라서 『삼국사기』의 기록에서
는 백제의 왕위계승이 장자상속제를 원칙으로 했다고 확언할 수는 없
다. 다만 고이왕 이전의 왕들은 전왕의 맏아들이거나 아들로서 정상적
인 등극 사실을 보이고 있다.

그러나 고이왕은 전왕의 아들이 아니라 5대 왕인 초고왕의 모제(어머
니가 같은 아우)이다. 초고왕과 어머니가 같을 뿐 아버지에 대해서는
아무런 언급이 없다. 따라서 백제 왕실의 정통을 가진 왕위계승자가 아
니었으며 사반왕의 삼촌이 되는 셈이다. 고이왕은 조카뻘이 되는 사반
왕이 '어려서 정사를 할 수 없다'는 이유로 폐위시키고, 자신이 직접
왕위에 오르게 된다. 백제 왕실은 고이왕의 즉위를 계기로 왕실가계에

변화가 왔다. 그래서 정상적으로 왕위에 오르지 못한 고이왕은 자신의 친정체제를 강화시킬 필요가 있었다. 이같은 체제강화는 각종의 제도 정비의 실행으로 표출되었다.

고이왕은 먼저 즉위 3년 겨울 10월에 서해의 큰 섬에 사냥을 나가 직접 40마리의 사슴을 쏘아 맞추었다. 활쏘기는 고구려 주몽 이래의 전통으로서 무(武)를 겸비한 왕의 권능을 단적으로 표현하는 것이었다. 조선을 세운 이성계 역시 활쏘기에 능했다. 이러한 전통이 면면히 이어져 내려온 것을 짐작케 하는 대목이다.

그리고 5년 2월에도 50여 일 동안 사냥을 하고 돌아온다. 고대의 사냥이란 단순히 짐승을 잡는 왕들의 오락거리가 아니었다. 이를 통해 군사 훈련과 인재선발 등의 기능을 겸비하고 있었다. 7년 7월에도 석천에서 크게 군대를 사열하고, 9년 7월에는 왕이 서문 밖에 나가 활쏘는 것을 구경하였다. 이렇듯 전렵이 고이왕대에 많았다는 것은 그의 왕위계승 과정의 문제점을 무마하고 왕의로서의 권위를 세우기 위한 의도적인 행동으로 이해할 수 있다.

또 5년 봄 정월에는 천지(天地)에 제사를 지내면서 고취(鼓吹) 따위의 악기를 사용해 행사를 성대하게 치뤘다. 10년과 14년 봄에도 큰 제단을 설치하여 천지와 산천에 제사를 지냈다. 역대 국왕들은 보통 즉위한 다음해 정월에 동명묘(東明廟)를 참배한 다음 2월에는 천지에 대한 제사를 지냈는데, 이때 왕은 직접 돼지나 사슴 등의 희생물을 칼로 베었다. 의식 때에는 북과 피리 등을 사용하였다.

제사는 하늘 또는 조상으로부터 신성성을 부여받은 일종의 의례였다. 왕들은 제사의식을 빌려 체제의 안정뿐 아니라 사회적 이데올로기의 통합을 시도하였다. 고대의 제사에는 조상이나 천지에 대한 단순한 숭배 이상의 정치적인 의도가 내포되었던 것이다.

고이왕은 경제분야에도 관심을 보였다. 왕 9년 봄 2월에는 나라 사람들에게 명령하여 남쪽 진펄(澤)에 논(稻田)을 개간하게 하였다. 이 당시 논은 밭에 비해 상대적으로 그 규모가 적었다. 따라서 농업 생산력의 증대를 위한 진펄의 개간은 논을 넓히자는 것이었다. 그리고 고이왕대에는 신라로부터의 공격이 시작되었다. 이는 내부의 통합을 위해 적을 의도적으로 부각시킨 일종의 통치술이었던 것이다. 고이왕 7년과 22년, 33년, 39년, 45년, 50년에 걸쳐 왕위 재위기간 내내 신라에 대한 공격을 감행하고 있다. 이 시기는 백제와 신라가 전쟁으로 치닫는 적대관계의 서막이기도 하였다.

고이왕 27년에는 관제정비를 단행하기에 이른다. 이는 물론 고구려·신라 삼국 가운데 가장 이른 시기의 제도정비였다. 이 내용이 일찍 『삼국사기』에 너무 상세하게 기록되어 사료의 신빙성에 의문을 품기도 한다. 그러나 이같은 제도정비를 착수하여 완비했다는 기록이 이 시기에 들어가 있다는 것은 나름대로의 의미가 있을 것이다. 어떻든 고이왕의 등극과 시대 분위기를 파악한다면, 이때 이루어진 관직의 제정과 관복제, 형벌의 정비 등을 얼마만큼 이해할 수 있을 것이다.

『삼국사기』 고이왕 27년에 보이는 제도의 정비는 성왕대(聖王代)에 일부 개편되었지만, 백제시대 관직제도의 전반적인 초기의 모습은 고이왕대 이루어졌을 것이다.

봄 정월에 내신좌평을 두어 왕명의 출납에 대한 일을 맡게 하고, 내두좌평을 두어 물자 · 창고에 대한 일을 맡게 하고, 내법좌평을 두어 예법 · 의식에 대한 일을 맡게 하고, 위사좌평을 두어 숙위 병사에 대한 일을 맡게 하고, 조정좌평을 두어 형벌과 송사에 대한 일을 맡게 하고, 병관좌평을 두어 지방의 군사에 대한 일을 맡게 하였다. 또한 달솔 · 은솔 · 덕솔 · 한솔 · 나솔 및 장덕 · 시덕 · 고덕 · 계덕 · 대덕 · 문덕 · 무독 · 좌군 · 진무 · 극우 등을 두었다.

6개의 좌평은 1품이요, 달솔은 2품이요, 은솔은 3품이요, 덕솔은 4품이요, 한솔은 5품이요, 나솔은 6품이요, 장덕은 7품이요, 시덕은 8품이요, 고덕은 9품이요, 계덕은 10품이요, 대덕은 11품이요, 문독은 12품이요, 무독은 13품이요, 좌군은 14품이요, 진무는 15품이요, 극우는 16품이었다.

2월에는 명령을 내려 6품 이상은 자주빛(紫) 옷을 입고 은으로 된 꽃으로 관을 장식하게 하였으며, 11품 이상은 붉은 옷을 입고, 16품 이상은 푸른 옷을 입게 했다.

여섯 분야로 나눈 관직의 좌평은 1품으로서 지금의 장관에 해당한다. 내신좌평은 정무장관, 내두좌평은 경제부장관, 내법좌평은 내무부장관, 조정좌평은 법무부장관, 병관좌평은 국방부장관 같은 기능을 가진 벼슬이었다. 처음 규정은 6좌평으로 나누었으나 문주왕대에는 총리에 해당하는 상좌평(上佐平)을 두게 된다. 이후 시간이 흐르면서 많은 세력들을 흡수하기 위해 대좌평·중좌평 등 여러 관직이 남설되면서 좌평의 수도 증가하였다.

　2품 달솔, 3품 은솔, 4품 덕솔, 5품 한솔, 6품 나솔은 같은 솔(率) 계열이었다. 이들은 1품인 6좌평과 함께 자주빛 옷을 입고, 은으로 된 꽃으로 관을 장식할 수 있었다. 마치 신라의 12관등제에서 진골 이외에 6두품이 하나의 군을 이루었던 것과 같다. 붉은 옷을 입었던 7품에서 11품은 장덕·시덕·고덕·계덕·대덕으로 덕(德) 계열이었다. 그리고 푸른 옷을 입었던 12품에서 16품은 문독과 무독·좌군·진무·극우로 시무직 등의 무관계열이었다.

　그렇다면 왕은 어떤 옷을 입었을까. 고이왕 28년 봄 정월 초하룻날에는 지금의 새해 시무식같은 의례를 베풀었는데, 이날 왕의 복식이 훌륭하게 잘 드러난다. 왕은 자주빛으로 된 큰 소매가 달린 자주빛 장의(長依)와 푸른 비단 바지 저고리를 입고, 금꽃으로 장식한 오라관을 썼다고 하였다. 그리고 흰 가죽띠를 허리에 두르고, 검은 가죽신을 신은 채 남당에 앉아 정사를 보았다고 한다.

　이때는 아마도 고이왕 27년에 정한 관복제에 따라 모든 관원이 관복을 입고 나왔을 것이다. 왕은 27년 법 제정과 함께 왕의 아우로서 내신좌평을 삼고, 이어 28년 봄 정월 초하루날에는 내두좌평과 내법좌평, 위사좌평과 조정좌평, 병관좌평을 임명하는 개각을 단행하였다. 그리고 29년 봄 정월에는 명령을 내려 관리로서 재물을 받거나 도둑질한 자는 누구를 가릴 것없이 3배를 징수하고, 종신의 금고형에 처하도록 하였다. 지금과 비교하면 법의 집행이 훨씬 무거웠음을 알 수 있다.

이같은 조치는 지금의 공직자 비리척결과 사회기강 확립같은 통치자의 의지표현이었던 것이다. 그러나 고이왕은 재위 53년만에 세상을 뜬다. 그런데 왕이 죽은 11월 이전의 봄인 정월에 신라에 사신을 보내 화친을 청하고 있다. 죽기 전에 신라와의 적대적인 관계를 해결하고 눈을 감았던 것이다. 고이왕의 이러한 업적은 나라의 기틀을 세운 시조 온조왕의 치적에 버금가는 것으로서 나라의 발판을 마련한 수성(守成)의 군주였다고 할 수 있다. 그러나 그의 업적은 정상적인 왕위계승을 못한 자기 정당화에서 비롯한 것이 아닌가 한다.

2) 근초고왕의 영토확장

우리 역사에서 가장 많은 영토를 개척한 왕으로 고구려의 광개토국강상평안호태왕(광개토대왕)을 들 수가 있다. 백제사에서 광개토대왕과 같은 업적을 남긴 왕은 바로 근초고왕(近肖古王)이었던 것이다.

광개토대왕의 업적은 아들 장수왕이 부왕의 공적을 기려 세운 거대한 금석문(金石文), 광개토대왕릉비에 잘 남겨져 있다. 지금의 집안(集安)에 있는데, 높이 6.39m, 무게 약 37톤의 어마어마하게 큰 빗돌에서는 대왕의 업적이 찬연하게 빛나고 있다. 그러나 근초고왕은 『삼국사기』 백제본기에 남겨진 기록이 전부이다. '근초고대왕'이라 불러도 마땅한 그의 많은 업적들이 시간 속에 매몰되어 버린 것이다.

근초고왕은 백제 13대 왕이다. 그의 재위기간은 346년~375년이다. 비류왕(比流王)의 둘째 아들로 왕위에 올랐다. 그의 아버지 비류왕은 구수왕의 둘째 아들로 고이왕의 즉위로 쫓겨난 사반왕의 동생이다. 고이왕을 이어 아들 책계왕이 왕위에 오르고, 다시 책계왕의 맏아들인 분서왕이 즉위한다. 그러나 분서왕이 재위 7년만에 낙랑(樂浪) 태수가 보낸 자객의 손에 살해되었다. 그의 후계는 자식들에게 넘어 가는게 당연한 일이었다. 더구나 분서왕에게는 아들이 여럿 있었다. 그러나 흡사 '사반왕이 어리다는 이유로 삼촌격인 고이왕이 왕위에 오른 것처럼 분서왕의 아들들도 모두 어리다'는 것이 핑계가 되어 구수왕의 둘째 아들인 비류왕이 즉위하게 된다. 온조계의 복귀가 이루어진 셈이다. 『삼국사기』 비류왕 즉위조에는 다음과 같은 기록이 나온다.

> 비류왕은 구수왕의 둘째 아들이다. 그의 성격이 너그럽고 인자하여 사람을 사랑하며 또한 힘이 세고 활을 잘 쏘았다. 오랫동안 민간에 있으면서 좋은 명성이 유포되었다. 분서왕이 죽게 되자 비록 아들은 여럿 있었으나 모두 어려서 왕으로 세울 수 없었기 때문에 신하와 백성들에게 추대되어 왕위에 올랐다.

비류왕은 아버지 구수왕이 죽고 형 사반이 고이왕에 의해 축출될 무렵 같이 궁궐에서 쫓겨난 것으로 보인다. 이 때문에 그가 오랫동안 민간에 머물렀다고 기록한 것이다. 『삼국사기』에서는 그의 즉위가 신하들과 백성들이 추대한 정상적인 등극처럼 서술하고 있다. 그러나 전왕인 분서왕이 자객에 의해 살해되었다는 점을 고려할 때 재위가 순조롭

기만 한 것은 아니었던 것 같다.

  비류왕도 고이왕처럼 힘이 세고 활을 잘 쏘았다는 기록으로 미루어 세력을 규합할만한 힘을 가지고 있었던 것이다. 이같은 배경을 지녔던 비류왕은 분서왕의 죽음을 둘러싼 의혹 속에서 왕위에 오른다. 그러나 재위 41년 비류왕이 죽게 되자, 분서왕의 맏아들인 계왕(契王)이 왕위를 차지하게 되었다. 비류왕의 즉위 당시에 나이가 어려 왕위에 오르지 못했다는 기록으로 보아, 비류왕 재위 41년쯤에는 그의 연령은 50세 이상이었을 것이다. 계왕은 왕위에 오른지 3년만에 돌아간 것으로 『삼국사기』에는 기록되어 있다. 그리하여 다시 왕위를 잡은 것이 비류왕의 둘째 아들 근초고왕이다.

  '그는 체격이 크고 용모가 기이하였으며, 원대한 식견이 있었다.' 고 『삼국사기』는 근초고왕을 표현하고 있다. 그리하여 계왕의 뒤를 이어 왕위에 올랐던 것이다. 그는 먼저 즉위 2년 봄 정월에 천지신명께 제사를 지낸다. 왕위 즉위를 천지에 알리고, 자신에게 돌아온 권력의 합리화를 도모했던 것이다. 근초고왕은 24년 가을 고구려 공격을 시작으로 영토확장 전쟁에 돌입하였다. 『삼국사기』 백제본기 근초고왕조에는 그가 태자 근구수왕과 함께 거둔 고구려 공격에서의 전과가 기록되어 있다.

근초고왕 24년 가을 9월에 고구려의 왕 사유(斯由)가 보병과 기병 2만을 거느리고 치양(지금의 원주)에서 진을 치고 군사를 나누어 민가를 약탈하였다. 이에 근초고 왕이 태자를 보내 군사를 데리고 지름길로 치양에 이르러 기습공격하여 이를 격파하였다. 적병 5천여 명을 사로잡았으며, 노획한 물품은 장병들에게 나누어 주었다.

고구려가 369년에 단행한 공격에 대해 근초고왕은 근구수 태자를 보내 오히려 고구려군을 역습해 치양에서 격파하였다. 그리고 2년 후인 371년에는 근초고왕이 몸소 태자와 함께 정병 3만을 이끌고 고구려 평양성까지 진격하여 고국원왕을 전사시키는 전과를 올렸다. 근구수왕 즉위조에는 당시의 상황이 잘 기록되어 있다. 이때 직접 전투에 나섰던 인물은 근초고왕을 대신한 태자 근구수였다.

고구려왕 사유(斯由)는 바로 고국원왕인데, 백제가 그의 침입을 막기까지는 사기(斯紀)라는 사람의 도움이 컸다. 본래 백제인이었다가 고구려로 간 사기는 왕의 말발굽을 다치게 하여 벌을 받을까봐 고구려를 도망친 사람이었다. 그가 "고구려의 군사가 비록 숫자는 많으나 모두 수만 채운 병사에 불과하고, 그 가운데 가장 강한 부대는 붉은 깃발을 든 것이니 이를 먼저 공격한다면 나머지는 공격하지 않아도 저절로 허물어질 것입니다"라고 아뢰었기 때문이다. 태자는 이 말을 쫓아 진격하여 크게 이길 수 있었던 것이다. 그리고 백제 군대가 수곡성(황해도 평산) 서북쪽에 이르렀을 때, "만족한 것을 알면 욕을 보지 않으며 그칠 줄을 알면 위태하지 않다"는 장군 막고해(莫古解)의 간언에 따라 근구수 태자는 공격을 멈추었다. 태자는 돌을 쌓아 표적을 만들어 이날의 일을 기록하였다.

백제 왕실은 이같은 전쟁을 수행하면서 고도의 위기관리 능력을 축적하였다. 이와 함께 전쟁에서 얻은 인적·물적자원을 토대로 중앙국가 권력을 강화시킬 수 있었다. 또 백제 국왕의 군사력 독점은 권력을 한층 강화시키는 요인으로 작용하였다. 고구려 공격을 잘 막아낸 근초고왕은 369년 한수 남쪽에서 몸소 군대를 사열하면서 모두 황색 기치를 올렸다고 한다. 정복전쟁에서 승리하여 왕의 권위가 한껏 올라간 상황에서 올린 황색의 기치는 왕의 군대를 뜻하는 것이었다. 이는 근초고왕의 강력한 왕권을 다시금 확인한 것이었다.

그런데 일본사서인 『일본서기』 신공황후 49년조에는 고구려와의 접전에 앞서 백제 근초고왕대(346~374년)에 들어 고구려와의 군사적 긴장 상태가 고조되는 가운데 배후기지의 확보를 위해 낙동강 유역으로 세력 확산에 매우 적극성을 나타낸 기록이 보인다.

일본에서는 이를 '임나일본부' 설의 근거 자료 가운데 하나로 삼기도 하였다. '임나일본부' 설이란 고대 일본이 가야 지역에 임나일본부를 설치하여 369년~562년까지 200여 년 동안 한반도 남부를 식민지 지배했다는 것이다. 그러나 근거가 됐던 『일본서기』(日本書紀) 권 9 신공황후(神功皇后) 49년(369년)조에 대한 연구업적이 축적됨에 따라 왜가 한반도 남부 지역에서 전개했다는 일련의 군사행동은 백제 근초고왕과 태자 근구수의 작전주도권 아래에서 수행한 것임이 밝혀졌다. 이는 또 『일본서기』 흠명천황 2년(541년)에 기록된 성왕(聖王)의 회고담을 통해서도 확인해 볼 수 있다.

성명왕(백제 성왕을 일본서기에서는 성명왕이라고 기록함)이 말하였다. 옛날 우리 선조인 근초고왕과 근구수왕 세대에 안라·가라·탁순 한기 등이 처음으로 사신을 보내 교류하여 형제로서의 우호를 두텁게 하였다.

이러한 기록은 백제세력의 낙동강 유역 진출 사실을 분명히 하고 있다. 백제는 전라도 방면만이 아니라 경상도 지역으로도 끊임없는 진출을 기도하였다. 근초고왕 20년(365)에는 전남해안에 도달하는 과정에서 낙동강 중·하류의 가야 지역 일부를 제압하여 백제 세력권으로 끌어들였다. 이같은 배후 지역의 안정화는 369년과 371년의 고구려 공격에 적극적으로 나설 수 있는 요인이 되었다. 근초고왕대의 갑작스러운 팽창을 두고 이 시기부터를 백제 역사의 시작으로 보는 가운데 근초고왕대의 정복국가론을 제기하는 학자도 있다. 이는 기마의 풍습을 지닌 부여족이 4세기 중반에 한반도 중부로 이동하여 한강 유역의 선주세력을 아울러 수립한 부여씨 왕실이었다는 것이다. 그러니까 만주쪽의 백제가 근초고왕 시기에 한반도로 내려왔다는 이야기다. 이같은 견해는 일본이 주장하는 기마민족설의 또 다른 변형으로 보인다.

『삼국사기』가 전하는 백제의 역사상은 그렇지 않다. 온조왕의 백제 건국과 뒤를 이은 왕들의 수성(守成) 과정을 잘 그리고 있다. 이같은 정치상황과 국가 성장과정을 근거로 근초고왕의 업적은 이해되어야 할 것이다. 근초고왕대의 영역확장은 갑작스럽게 이루어진 것이 아니었다. 이전 시대에 차분히 마련된 국가의 기틀을 발판으로 삼아 한껏 역량을 키웠던 것이다.

백제는 4세기에 들어 토기를 매우 다양한 기종으로 발전시켰으며, 중국 청자도 수입하여 널리 사용하였다. 그리고 석촌동 3호분같은 사방 50m에 달하는 거대한 적석총도 축조하였다. 묘제는 사회조직은 물론 사회의 계층화와 정치권력의 성장구조 연구에 반드시 필요한 고고자료이다. 따라서 묘제의 급격한 변천 배경에는 정치구조 및 사회변천을 수반한다. 그래서 당시의 묘제는 근초고왕대의 백제 국가의 발전을 반영하는 것이다.

요서경략설을 근거로 백제가 근초고왕 이전에 만주에 존재했다는 주장도 있다. 물론 요서 지역에 백제의 군(郡)과 현(縣)을 두었다는 내용이 중국사서 『송서』(宋書)·『남제서』(南齊書)·『양서』(梁書) 등에 나온다. 그러나 북조 계통의 중국사서에는 내용이 보이지 않고, 정작 그 일이 일어났던 시기의 『진서』(晉書)의 기록에도 없다. 사실의 정확성에 의문이 간다. 또한 요서 지역에 대한 통치가 직접적이었는지, 근초고왕대의 일시적인 진출이었는지도 문제일 수밖에 없다. 따라서 백제의 만주 존재설은 논리의 비약일 수 있다.

고대의 정복전쟁이란 그 지역에 대한 완전한 통치를 전제로 한 경우보다는 일시적인 공격으로 인력과 물품을 노획하는 목적이 더 컸다. 그래서 백제 지역에서 먼 지역을 경영한다는 것은 사실상 실리적인 것이 아니었다. 이를 일시적인 요서 경략으로 이해할 수는 있겠지만 만주에 백제가 자리잡고 있었다는 주장은 받아들이기 어렵다.

개로왕 18년 위(魏)나라에 사신을 보내 올린 표문의 내용에서도 백제 역사의 시작이 근초고왕대부터가 아니라는 것을 알 수 있다.

우리나라는 고구려와 함께 조상이 부여에서 났으므로 선조들의 시대에는 옛정을 두텁게 하였다. 그러나 그의 조상 소(고국원왕)가 경솔하게 인방의 우호 관계를 깨트리고 직접 군사를 거느리고 우리의 국경에 함부로 침입하여 우리의 조상 수(근구수왕)가 군사를 정비해서 번개같이 내달아 기회를 포착하여 소의 머리를 베어 달아 놓았던 것입니다.

이 기록은 근초고 · 근구수왕이 고국원왕을 살해한 내용을 설명한 것이다. 백제 · 고구려가 부여에서 함께 기원했기 때문에 한동안 우호관계를 유지하고 이었다는 이야기다. '근초고왕 이전의 역사와 이후의 역사 무대가 틀렸다' 라는 것을 전혀 발견할 수가 없다. 따라서 근초고왕대의 정복 국가설이나 이동설 등은 백제의 올바른 역사상을 복원하는 데 걸림돌일 뿐이다. 근초고왕대의 영토확장과 더불어 주목되는 것은 역사가 편찬되었다는 사실이다. 『삼국사기』 근초고왕조의 마지막에는 이런 기록이 있다.

백제가 나라를 창건한 이래 문자로서 일을 기록한 것이 없었는데, 이때에 와서 박사 고흥을 얻어 비로서 서기(書記)가 있게 되었다.

이때의 서기가 역사책의 고유 이름인지 아니면 다만 역사의 기록이라는 보통 명사인지는 확실하지 않다. 그러나 근초고왕대에 비로소 문자로 기록한 역사책을 보유하게 되었다는 점에서는 의미가 있다. 고구려에서는 영양왕 때 이문진이 『유기』를 정리하였다. 물론 그 이전의 역사기록이 있었을텐데 이를 다시금 정리한 것이다. 또 신라의 경우는 진흥왕대 거칠부를 시켜 『국사』를 편찬한다. 역사의 편찬은 어느 정도 국가가 안정되었을 때 이전의 역사를 정리하여 자기 정당화에 이바지할 목적으로 이루어진다. 근초고왕대에 이루어진 역사편찬 역시 이러한 맥락에서 이해할 수 있다.

고국원왕의 죽음을 복수하기 위해 고구려는 계속 공격을 감행하였다. 그래서 수곡성(지금의 황해도 신계)을 빼앗긴 백제의 근초고왕은 이를 다시 보복하기 위해 군사를 일으키려 했지만 고구려에 대한 반격을 실행에 옮기지는 못하였다. 흉년이 들었기 때문이었다. 그리고 근초고왕은 재위 30년 겨울 11월에 세상을 떠나고 만다. 그는 고구려 광개토대왕에 버금하는 정복군주였다. 황해도·전라도·경상도 지역을 누비고 중국까지 진출했던 백제 역사상 가장 활발한 영토전쟁과 체제정비를 이룩한 군주가 바로 근초고왕이었던 것이다.

3) 개로왕대의 위기

백제 21대 개로왕(蓋鹵王 : 455~475)은 한성시대의 마지막 왕이기도 하다. 백제는 개로왕 21년 고구려 장수왕의 공격을 받아 수도를 함락당하고 남쪽으로 피신하였다. 그래서 끝내는 웅진으로 천도하게 된다. 계획된 천도(遷都)가 아닌 웅진으로의 이도(移都)는 백제사에서 가장 큰 위기인 반면 장수왕의 한성 함락은 근초고왕에게 목숨을 잃었던 고국원왕의 복수전 같은 것이었다. 이에 고구려는 남쪽으로 진출하는데 있어 유리한 위치를 차지하게 되었다.

고구려의 백제 한성 함락은 막강한 힘이 큰 원인이기도 했지만, 무엇보다도 백제 개로왕의 실정이 화를 자초하였다. 근초고왕에게 고국원왕(고국원에 장사지내 붙여진 이름)을 잃은 고구려는 이후 백제에 대한 복수의 날을 갈았다.

고구려는 고국원왕을 뒤이어 아들 소수림이 즉위하였는데, 그는 즉위하면서 여러 정책을 실시하였다. 고국원왕 25년에 태자가 되어 41년 고국원왕이 백제군의 화살에 맞아 세상을 떠날 때까지 16년간 태자자리에 앉아 많은 경험을 쌓았던 것이다. 몸이 장대한 소수림왕은 지략 또한 뛰어났다고 한다. 진(秦)나라와 교류하여 불교를 받아들이고 태학을 세워 자제들을 교육하였다. 처음으로 법령을 반포한 이도 소수림왕이었다. 그러나 재위 14년만에 죽자 그의 동생인 고국양왕이 즉위했다. 그는 즉위 3년에 백제를 쳤다. 그리고 백제에 대항하기 위해 신라와 우호관계를 맺었다. 이 고국양왕의 아들이 바로 광개토대왕이다.

고국양왕이 재위 9년만에 죽자 광개토대왕이 왕위에 올랐다. 이때부터 백제전의 양상이 크게 달라진다. 열세를 보이던 고구려는 광개토왕의 강력한 기병을 이용한 전술로 백제의 공격에 적극적으로 대처하였

백제 한강 유역 공격 사실을 기록하고 있는 고구려 광개토대왕릉비

다. 왕 재위 4년에는 패수(浿水)가에서 백제와 더불어 싸워서 백제 군대를 크게 격파하고, 8천여 명을 사로잡거나 목을 베었다. 광개토대왕은 재위 22년 동안 영토확장에 힘써서 지금의 동북 3성 지역을 우리 역사의 무대로 끌어들이는 등 영역을 가장 많이 개척한 왕으로 역사에 기록되어 있다.

광개토대왕대에 수세로 몰렸던 백제는 자꾸 조여오는 고구려의 힘을 피부로 느꼈다. 광개토대왕의 아들 장수왕이 15년 도읍을 국내성에서 평양으로 옮기자 그 위기는 절정에 달하였다. 그러나 비유왕의 맏아들인 개로왕은 고구려 남쪽 변경을 계속 침범하면서 오히려 중국 위(魏)나라와 손잡고 고구려를 치고자 하였다. 개로왕이 재위 18년에 위나라에 사신을 보내 올린 표문에는 고구려에 대한 적대감이 잘 나타나 있다.

지금 련(고구려 장수왕)은 죄가 있어 자기 나라를 결단내고 대신들과 권력을 잡은 친척들의 살육행위가 끝이 없고, 그들의 죄악이 차고 넘쳐서 백성들은 허물어져 이

산되고 있습니다. 이때야말로 그들이 멸망할 시기이며 폐하께서 먼저 손을 쓸 때입니다.

그러나 고구려가 자주 변경을 침범한다는 이유를 들어 군사를 요청하기 위해 위나라에 보낸 백제의 표문은 거절당하게 된다. 장수왕의 적극적인 외교정책으로 위나라는 이미 고구려와 친교관계를 맺고 있었기 때문이다. 개로왕은 이러한 위나라의 조처에 원망을 품고 그들과의 조공을 단절하게 된다.

이 사이 고구려는 백제 공격을 치밀하게 준비하였다. 장수왕이 476년 백제를 공격하기 이전에 백제에 가서 활동할만한 첩자를 구하였다. 지금도 각 나라 사이에 첩보전이 활발하듯이, 당시 고구려·백제·신라 사이에도 암암리에 첩자들을 파견하여 그 나라의 정세를 탐지하였던 것이다. 특히 첩자로 활동하던 인물 가운데는 승려들이 많았다. 이때 장수왕에 의해 발탁된 승려는 도림(道琳)이었다.

"소승이 원래 도는 알지 못하지만 나라의 은혜를 갚으려 생각한 바 있으니, 원컨대 대왕께서는 저를 어리석은 자로 돌리지 마십시오. 이 일을 시키신다면 결코 왕을 욕되게 하지 않겠습니다."

이같은 의지를 확인한 장수왕은 도림을 백제로 보낸다. 도림은 개로왕의 마음을 사로잡을 묘책을 가지고 있었다. 개로왕은 장기와 바둑을

좋아했다. 개로왕의 취미를 부추겨 사직의 죄인이 되도록 유도하였다. 거짓으로 죄를 짓고 고구려로부터 도망한 것으로 위장한 도림은 백제 대궐 문안에 이르러 말하였다. "제가 젊어서부터 바둑을 배워 꽤 묘한 수를 알게 되었으니 왕의 측근에게 알려주십시오." 결국 왕을 만난 도림은 개로왕의 바둑 시험에서 눈에 들었다. 그래서 귀한 손님으로 대접받고 친숙하게 되었다. 개로왕의 신임을 얻은 도림은 개로왕에게 백제를 위하는 일이라며 몇 가지 건의를 올리게 된다. 이는 이웃 나라들이 엿보지 못하도록 굉장히 호화롭고도 큰 규모로 성(城)과 궁궐을 수리하고 선왕의 묘소를 잘 정비할 것과 둑을 쌓는 일이었다. 도림의 속뜻을 알지 못한 개로왕은 나라 사람들을 모두 징발하여 성을 쌓고 궁실·누각·정자 등을 웅장하고 화려하게 지었다. 또 욱리하에서 큰 돌을 가져와 선왕의 묘역을 정리하고 강에 둑을 쌓았다.

우리는 역사에서 내실이 없는 대규모 토목공사가 나라를 파탄으로 몰아넣는 현상을 종종 만난다. 수(隋) 문제·양제시대의 대운하 작업과 고구려에 대한 무모한 정벌 때문에 그 큰 나라가 몇 십년만에 멸망하는 모습을 보았다. 백제 역시 고구려·신라와의 전쟁과정에서 대규모 역사를 일으켜 국고는 텅비게 되었고 백성들은 곤궁해져 그 위태함이 알을 쌓아 놓은 듯 하였다. 나라를 다스리는 지도자의 인재등용이 얼마나 어려운가를 단적으로 보여주는 일이기도 하다.

고구려로 다시 돌아온 도림에게 백제의 상황을 전해들은 장수왕은 3만의 군사를 이끌고 백제를 공격한다. 이때가 개로왕 21년 9월이다. 이

한성시대 마지막 왕인 개로왕이 최후를 맞이한 아차산성

소식을 들은 개로왕은 자기가 어리석고 총명하지 못하여 간사한 도림의 말을 믿은 것을 후회했지만 이미 때는 늦었다. 그래서 동생 문주(文周)에게 말하였다.

"대규모 역사로 인해 백성들이 쇠잔해지고 군사들이 약하니 아무리 위급한 사태라고 하나 그 누가 나를 위해 싸우려 하겠는가. 나는 당연히 나라를 위해 죽어야 하지만 네가 죽는 것은 유익함이 없으니 어찌 난을 피해 왕통을 잇지 않겠는가"

개로왕의 말을 들은 문주는 결국 목협만치(木劦滿致) · 조미걸취(祖彌

桀取) 등과 함께 남쪽으로 떠나게 된다. 도읍 한성이 함락되어 쫓기던 개로왕은 백제에서 죄를 짓고 고구려로 도망가서 장수가 된 걸루(桀 婁) · 만년(萬年) 등에게 비참한 최후를 맞게 된다. 걸루와 만년은 개루 왕을 말에서 내리게 하여 자신들에게 절을 시키고는 얼굴에 침을 세 번 뱉았다. 그리고 아차성 밑에서 묶어 살해하였다. 승승장구하던 고구려 는 문주가 신라에게서 구원병 1만을 이끌고 돌아오자 후퇴할 수밖에 없 었다. 장수왕은 개로왕을 죽이고, 남녀 8천여 명을 사로잡아 돌아가는 것으로 전쟁을 일단락지었다.

　삼국이 대치하는 위기상황에서 지도자의 실수나 방심은 용납되지 않 는다. 그러나 개로왕은 인재를 알아보지 못하고 대규모 역사를 무리하 게 일으켰다. 이는 국가 경제와 백성들의 생활을 파탄에 몰아넣어 결국 고구려에게 수도를 함락당하는 백제사의 위기를 초래하였던 것이다.

4. 웅진시기의 백제

　장수왕의 한성 함락은 백제에게는 큰 타격이었다. 왕이 죽고 8천여 명 에 이르는 많은 사람들이 고구려로 끌려갔다. 그러나 개로왕의 아들 문 주(文周)를 비롯한 대신들이 신라에서 구원병 1만을 데리고 와서 고구 려 군대는 물러나게 된다. 이에 백제 왕실도 명맥을 유지할 수 있었다.

　개로왕의 죽음과 함께 한성시대는 막을 내리고 문주가 왕위에 오르게 된다. 문주왕(475~477)은 아버지 비유왕이 죽고 형인 개로가 왕위에 오를 때 그를 보좌하여 직위가 상좌평까지 이르렀기 때문에 이미 정치적 경험을 갖춘 터였다. 그러나 성격은 우유부단했던 것으로 기록되어 있다. 이는 위정자에게 장점은 될 수 없었다. 특히 폐허가 된 국가를 다시 일으켜야 할 군주로서는 힘에 겨웠을 것이다.

왕위에 오른 문주는 먼저 수도를 옮겼다. 폐허가 된 땅이었고, 고구려의 공격에 노출되어버린 한성에서의 생활은 더 이상 견디기 힘든 것이었다. 그래서 즉위해 겨울 10월에 웅진(지금의 공주)으로 도읍을 옮기게 된다. 공주의 지형은 모든 것을 숨기기라도 하듯 은둔적이다. 특히 금강을 건너면 외부로부터의 침입이 좀처럼 어려웠다. 웅진으로의 천도는 사전에 계획한 것은 물론 아니었지만, 왕도로 선택된 데에는 나름대로의 이점을 지니고 있었기 때문이다.

북으로는 차령산맥과 금강이 외부를 차단하고 있고, 동으로는 계룡산이 가로 막고 있다. 어떻든 고구려의 남침을 막을 수 있는 천연적인 방어의 요충지였다. 또한 한강을 대신한 금강은 서해로 통하는 유일의 내륙수로로서 수륙교통의 요지였다. 또 호남·내포평야의 농산물도 풍부하여 한강 유역을 잃은 백제로서는 제2의 수도로 정할만한 조건을 갖춘 지역이었다. 그러나 자연 지리적 이점만으로 웅진을 새 도읍지로 선택하지는 않았을 것이다. 웅진천도의 경우 국가적 위기상황 속에서 국가의 존립과 관련된 문제였기 때문에 한성시기부터 정치적 배경과 연고가 있었던 지역을 선정하였을 것이다.

즉 웅진성은 이미 한성시기부터 중심성으로 기능하고 있었던 곳이라

공주 공산성

고 생각된다. 이와 관련하여 "치성(治城)을 고마(固麻)라고 하고, 읍(邑)을 담로(檐魯)라고 하니, 중국의 군현(郡縣)과 같다. 그 나라에 22 담로가 있으니, 모두 자제(子弟)와 종족(宗族)으로서 분거(分據)하게 하였다"는 담로에 관한 기록을 주목할 수 있다.

『양서』(梁書)에서 담로의 성격을 중국의 군현과 같은 것으로 파악한 것을 보아 담로를 백제의 지방통치 단위로 볼 수 있을 것이다. 더욱 22개의 담로에 의한 지배체제는 자제나 종족을 파견함으로써 지방통제에 있어 국가 지배력의 침투가 더욱 용이하였을 것이다. 담로가 전국을 단위로 한 편제방식은 아니었으나, 국경 지역이나 전략적 중요성이 인정

공주 의당면 수촌리 유적 발굴 현장(2003년 12월)

되는 곳, 교통상의 중심지 등의 거점성을 중심으로 자제와 종족을 파견
한 직접 지배방식의 지방통치체제였다는 점에서 한성시기 웅진성은 이
미 담로로서 기능하고 있었다고 보인다.

이와 관련하여 최근에 발굴된 충남 공주시 의당면 수촌리의 백제 고
분군 출토 유물은 시사하는 바가 크다. 이 유적에서는 금동관 2점, 금
동 신발 3켤레, 금으로 된 허리띠 장식, 중국제 자기 6점 등이 출토되었
다. 이는 백제 국가가 웅진천도 이전에 이미 이 지역을 지배하고 있었
음을 보여주는 고고학적 자료이다.

이상과 같이 웅진으로의 천도는 웅진의 자연지리적 이점과 한성시대

백제 지방통치의 거점성으로서의 경험 그리고 중부 지역의 주요 성으로서 웅진성과 같은 군사시설이 갖추어져 있었기 때문에 가능한 것이었다.

공주는 문주왕 원년에 수도로서 정해진 이후 삼근왕·동성왕·무령왕을 거쳐 성왕 16년(538년) 부여의 사비성으로 천도하기까지 5대 64년간 백제의 정치·경제·문화의 중심지가 되었다. 그러나 계획된 천도가 아니라 난을 피해 갑작스럽게 수도를 옮긴 것이기 때문에 정치적인 안정을 되찾기까지는 많은 시간이 필요하였다. 더구나 우유부단했던 문주왕에게 새 도읍지 웅진시대는 힘에 겨웠을 것이다. 그런데 즉위 2년 해구(解仇)를 병관좌평에 임명함으로써 문제는 발단되었다. 병관좌평이란 지방의 군사를 담당하던 직관으로서 지금의 국방부장관에 해당하는 직책이다.

병관좌평이 된 해구는 권력을 천단하여 법을 문란케 하고, 임금을 없애려는 흑심을 품었다. 유약했던 문주왕은 이를 제어하지 못하고 결국 재위 4년만에 시해당하는 비참한 최후를 맞게 된다. 왕이 사냥하러 나간 틈을 타 해구가 도적을 시켜 사냥지에서 묵고 있던 왕을 시해한 것이다. 지금으로 말하자면 군사반란이 일어났던 것이다.

그러나 해구는 전면에 나설 수 없었다. 특히 신분제사회였던 고대 왕국에서 왕은 국가의 주인이었다. 그래서 해구는 13세의 나이어린 문주의 맏아들 삼근(三斤)을 왕위에 올려놓고, 실권은 자신이 거머쥐었다. 삼근왕(477년~478년)은 군사 업무와 나라 정사에 대한 일체의 권한을 좌평 해구에게 맡겼던 것이다.

  그러나 삼근왕 2년 좌평 해구는 은솔(恩率)인 연신(燕信)과 함께 도당을 끌어 모아 다시 대두산성에서 반란을 일으킨다. 참다 못한 삼근왕은 좌평 진남(眞男)으로 하여금 군사 2천을 이끌고 공격에 나서도록 하였으나 진압에 실패하고 말았다. 다시 덕솔 진로(眞老)가 정예한 군사 5백을 거느리고 가서 결국 해구를 죽이게 된다. 해구와 같이 난을 일으켰던 은솔 연신은 죄를 받을까 두려워하여 고구려로 달아났다. 그의 죄를 대신하여 그의 처와 자식들은 웅진의 저자거리에서 참수되었다. 좌평 해구의 반란에 대해 『삼국사기』에서는 다음과 같이 논평하고 있다.

  해구가 문주왕을 살해하였는데 그의 아들 삼근이 왕위를 계승하여 그를 죽이지 못하였을 뿐만 아니라 도리어 그에게 정사를 맡겼다가 한 개의 성(城)에 웅거하여 반란을 일으킨 뒤에야 두 번이나 대병을 출동시켜 이겼으니 이야말로 된서리를 단속하지 않았다가 굳은 얼음에 부닥치게 되었고, 반짝이는 불똥을 끄지 않았다가 큰 불이 일어난 격이니 그 유래하는 바는 적은 데로부터 커진다.

  이 기록에서는 죄의 싹은 작은 것에서 시작된다는 평범한 진리를 보여 주고 있다. 물론 저자의 논평에는 임금이 살해되었는데 신하로서 그 역적의 죄를 묻지 않은데 대해 문책하는 춘추의 예가 강조되었다. 이는 오늘을 사는 사람들에게도 문제가 발생한 처음에 잘 대처한다면 일이 더 악화되는 것을 막을 수 있다는 교훈으로 다가온다.

웅진시대의 왕성이었던 지금의 공주 공산성 안에 위치한 저수지

웅진도읍기 초기의 정치적 상황은 불안의 연속이었다. 삼근왕도 해구의 반란을 제압한 다음해 죽게 되었다. 그러나 죽음의 원인을 다룬 기록은 아무것도 없다. 그의 죽음 역시 병사같은 정상적인 최후가 아니었을 것이라는 점만은 추측할 수 있다.

16세의 나이에 죽은 삼근왕은 후사가 없었다. 다음 왕위를 둘러싸고 많은 분쟁이 일어났을 것이다. 왕위는 결국 모대(牟大), 즉 동성왕(東城王 : 479년~500년)에게로 돌아간다. 그는 문주왕의 아우 곤지(昆支)의 아들이었다. 담력이 남보다 월등하였고 활을 잘 쏘아 백번 쏘면 백번다 맞혔다고 한다. 이미 앞서도 말했지만 순조롭게 왕위에 오르지 못한 왕들의 공통된 특징 가운데 하나가 활쏘기에 능하다는 것이다. 이같은 무력을 배경으로 동성왕도 왕위에 오른 것이 아닌가 한다.

고구려 침입에 따른 불의의 남천과 천도 초기 왕권의 불안정에 직면한 백제 왕실은 타개책을 모색하지 않을 수 없었다. 삼근왕대의 정변을 수습하여 즉위한 동성왕은 정치적 안정기반을 구축하기 위한 방편으로 지방의 유력세력들과의 연결을 도모하였다. 또 그들을 중앙의 지배세력으로 흡수함으로써 남천후 자체 분열로 혼란을 거듭한 남래귀족(南來貴族)세력에 대한 견제세력으로 삼았던 것이다. 그리고 이들을 앞세워 왕권의 강화와 안정을 추구하였다.

이같은 동성왕의 정략은 사씨(沙氏)·연씨(燕氏)·백씨(苩氏) 등 금강 유역권에 기반을 둔 신진세력들이 대거 중앙으로 등장한 배경의 하나가 되었다고 할 수 있다. 동성왕대에 이루어진 신진세력의 포섭정책은 한성을 상실한 이후 백제 왕실의 지배 기반을 확대시켜 주었고, 나아가 천도 초기의 혼란된 상황을 수습시켜 주는 바탕이 되었다. 또한 동성왕은 실추된 왕권 강화를 위해 일련의 조치를 취하게 된다.

동성왕 12년에는 남조와 통교를 재개하여 국제적 고립에서 벗어나고, 15년에는 신라에 사신을 보내 청혼하여 이찬(伊飡) 비지(比智)의 딸과 결혼한다. 신라와의 혼인관계는 고구려에 대항할 나·제동맹체제(羅·濟同盟體制)를 이끌어냈다. 신라가 관산성 전투에서 성왕을 시해하기 전까지 두 나라의 우호관계는 유지되었다. 그리고 웅진도읍기 초기 왕들의 갑작스러운 죽음에서 온 정치적 혼란은 동성왕의 적극적인 정책

백제 웅진시대의 송산리 고분군

에 힘입어 어느 정도 안정을 되찾았다. 재위 11년에는 풍년을 맞았고, 왕은 군사와 백성들을 위무하였다. 이해 겨울에는 이전 왕들이 즉위 시에 거행하였던 천지신명에 대한 제사를 올렸다.

동성왕 16년에는 신라가 고구려와의 접전에서 불리하게 되자 군사 3천 명을 보내 구해주었다. 이어 17년에 고구려가 백제를 공격했을 때 신라가 구원병을 보내왔다. 그러나 계속되는 가뭄과 전염병으로 동성왕대 어느 정도 자리를 잡아가던 상황은 다시 불안하게 돌아갔다. 굶주림 때문에 도적이 들끓고, 백제 변경에서 고구려로 도망간 자가 21년 한해에도 2천 명이나 되었다. 그러나 처음의 결의를 잊어가던 동성왕은 점차 정사를 등한시하기에 이른다. 백성들을 구제하자는 신하들의 건의는 듣지 않은 채 대궐 동쪽에 다섯 길이나 되는 임류각을 세우고, 주위에 연못을 파고는 각종 진귀한 새를 길렀다.

동성왕의 말로는 예견된 것이었다. 재위 23년 겨울 11월 웅천 북쪽 벌판에 사냥을 나갔던 동성왕은 다시 사비 서쪽 벌판으로 사냥터를 옮겼다가 큰 눈에 길이 막혀 마포촌에 머무르게 된다. 이때 위사좌평인 백가(苩加)가 사람을 시켜 왕을 칼로 찔러 시해하였다. 백가는 좌천되어 가림성으로 밀려난 일에 원한을 두었다가 이를 앙갚음했던 것으로 보인다.

이렇게 신하들의 말에 귀기울이지 않고 비참한 최후를 맞은 동성왕의 태도를 『삼국사기』는 다음과 같이 평가하였다.

좋은 약은 입에는 쓰나 병에는 이로우며, 바른 말은 귀에 거스리지만 품행에는 유익하다. 그러므로 명철한 임금들은 자기 태도를 겸허히 하여 정사를 물으며 낯빛을 부드럽게 하여 간언하는 것을 받아 들였으며, 오히려 사람들이 말을 하지 않을까 염려하였다.

임금은 항상 태도를 겸허히 하여 신하들의 옳은 말에 귀기울이는 것이 도리였다. 허물을 알고도 고치지 않고, 올바른 말을 듣고도 잘못된 길로 간다는 것은 도리를 저버리는 것과 마찬가지다. 이를 개인도 아닌 위정자가 어긴다면, 망국의 길로 접어드는 것은 예견된 일이었다.

5. 사비시기의 백제

1) 성왕의 중흥 노력

웅진으로 도읍을 옮기고 나서 중앙정치는 한동안 제자리를 잡지 못하였다. 왕들의 계속된 죽음은 정치권을 마냥 동요시켰다. 이같은 상황에서 탈출하기 위한 돌파구를 백제 왕실은 도읍을 옮기는 천도에서 찾았던 것이다

외부로부터 고립된 공주는 방어상으로는 유리했으나, 밖으로 진출해 나가기는 매우 어려운 지형이었다. 또한 한 나라의 수도로는 너무 협소하였다. 따라서 중흥을 위한 새로운 역사의 중심지가 필요했다. 재도약을 위한 천도의 기틀은 동성왕이 죽은 후 즉위한 무령왕(武寧王 : 501~523)과 성왕(聖王 : 523~554)대에 이루어졌다.

무령왕은 백가의 손에 시해된 동성왕의 뒤를 이어 즉위했다. 그에 대해『삼국사기』는 모대왕(牟大王)의 둘째 아들이라고 기록하고 있다. 그러나 모대왕이 누구인지는 확실하지 않다.『삼국사기』백제본기 동성왕조를 보면, 동성왕이 모대였다는 기록이 나온다. 그러나 동성왕이라고 하지 않고 모대왕이라고 한 표현이 애매하다. 그래서 무령왕의 출생과 관련해 볼 때 동성왕이 아닐 가능성도 배제할 수 없다.

무령왕릉에서 나온 지석에서는 무령왕이 아닌 '사마왕'으로 표현되고 있다.『삼국사기』백제본기 무녕왕 즉위조에도 '무령왕의 이름은 사마(斯摩) 또는 융(隆)이니 모대왕의 둘째이다' 라는 기록이 남아 있다.『일

전축분 구조로 만들어진 공주 무령왕릉 현실 내부(국립공주박물관)

본서기』 웅략천황조에는 무령왕의 어머니가 왜(倭)에 가던 중 축자도 (筑紫嶋)라는 섬에서 출생했기 때문에 '사마(斯麻)'라는 이름이 붙여지 게 되었다는 기사가 나온다. 이는 무령왕은 죽고 나서의 시호였고, 재 위기간에는 사마(斯摩)왕 또는 융(隆)왕이라고 불렸던 것이다. 부여 능 산리 위덕왕 사리감에서도 시호인 위덕왕이라고 기록하지 않고 평소 이름인 창왕(昌王)으로 기록된 것도 같은 맥락이다.

그런데 『일본서기』 웅략천황조에는 무령왕의 아버지를 동성왕이라고 하지 않고, 곤지(昆支)로 보았던 것이다. 그렇다면 동성왕은 무령왕의 아버지가 아니라 형이 되는 셈이다. 그러나 동성은 무령보다 연령면에서 아래이므로, 『삼국사기』의 무령왕이 동성왕의 둘째 아들이란 서술보다는 무령왕이 개로왕의 동생인 곤지의 아들이며, 동성왕의 이모형(異母兄)이라고 서술한 『일본서기』에 인용된 『백제 신찬』의 기록이나, 『일본서기』 본문의 '개로왕의 아들'이라는 서술이 더 타당해 보인다.

『일본서기』 웅략천황 5년조에 의하면, 개로왕이 임신한 부인을 도일(渡日)하는 동생 곤지에게 주어 일본으로 가던 중 태어난 왕자가 무령왕이라고 되어 있다. 따라서 무령왕은 개로왕의 아들이라는 기록이 더 사실에 접근한다고 생각된다. 그러나 관념에 따라서는 곤지의 아들이라고도 할 수 있었으므로, 이와 같은 상이한 기록들이 남겨진 것으로 보인다.

무령왕은 신장이 8척이고, 눈매가 그림 같은데다 인자하고도 너그러워서 백성들의 마음이 그에게 쏠렸다고 『삼국사기』는 기록하고 있다. 무령왕은 즉위하면서 백가가 다시 가림성에서 반란을 일으키자 우두성의 한솔(扞率) 해명(解明)을 시켜 동성왕을 시해한 백가를 사로 잡는다. 무령왕은 그의 목을 베어 백강에 던졌다.

무령왕은 즉위하면서, 고구려와 여러 차례의 충돌에 직면하게 된다. 백제는 왕 재위 21년(521년)에 양(梁)나라에 사신을 보내 조공했다. 그리고 표문을 올려 "여러 번 고구려를 격파하여 비로소 그들과 우호관계를 맺어서 다시 강국이 되었다"라고 말하고 있다. 웅진천도 후의 불안을 어느 정도 떨쳐버린 이후 자신에 찬 모습를 보였던 것이다.

무령왕은 이때 양나라로부터 '사지절도독백제제군사영동대장군(使持

節都督百濟諸軍事寧東大將軍)'이란 직함을 받는다. 왕이 재위 23년만에 죽자 그의 시호를 무령이라고 하였다. 무령왕의 뒤를 이어 아들 명농(明禯)이 즉위하였다. 그가 바로 성왕이다. 즉위한 8월 고구려 군사가 패수로 밀려오자 성왕은 좌장인 좌충에게 명령하여 기병 1만을 거느리고 나가 싸워 물리친다.

성왕은 재위 16년 봄에 사비(泗沘)로 수도를 옮기고 남부여(南扶餘)로 국호를 개칭한다. 이는 백제 건국신화에서 처럼 백제 국가의 출발점이 부여에서 유래하였음을 다시 확인시켜 주는 대목이다. 이미 소멸되어 버린 부여에서 출자를 구했다는 것은 당시 백제와 적대 관계였던 고구려를 의식한 몸짓이었다. 고구려에 편입되어 없어진 부여를 흡수·포용하여 정통성을 회복하겠다는 깊은 뜻이 담긴 것으로 보인다. 새로운 도약의 계기를 마련하기 위해 성왕은 '부여'란 표현을 사용하였던 것으로 추측된다. 일찍이 북쪽에 존재했던 부여의 전통이 오늘은 남쪽의 부여로 계승되었다는 의미에서 '남부여'란 국호를 사용하였던 것이다.

수도 사비로의 천도는 문주왕대의 웅진천도와는 달랐다. 공주는 사방이 산으로 둘러싸여 방어의 요충지이기는 했지만, 지형이 협소하였기 때문에 중흥을 위해 원대한 꿈을 펼치기에는 미흡한 도읍지였다. 이에 반해 금강가에 위치해 산으로 둘러싸인 부여 지방은 방어에도 적합하였을 뿐 아니라 넓은 평야를 끼고 있었다. 그리고 호남평야의 경영이나 가야지방으로 진출하는 데도 유리한 위치였다.

사비천도는 성왕시기에 갑자기 이루어진 것이 아니라, 이미 전왕대에

백가가 반란을 일으켰던 가림성, 지금은 성흥산성이라고 불리운다.

계획되었다. 동성왕 12년에는 사비 벌판에서 사냥을 하고, 연돌을 임명
하여 달솔을 삼았다는 기록이 『삼국사기』에 보인다. 당시 사냥이란 단
순한 오락거리나 스포츠가 아니라, 군사 훈련과 함께 인재 등용의 기회
이기도 하였다.

왕은 사냥을 빌려 무술실력이 뛰어난 인재를 선발하였던 것이다. 이
러한 점으로 미루어 사비 벌판에서 사냥을 하고 연돌을 임명하여 달솔
을 삼은 것도 천도계획과 관련되었던 것 같다. 이와 더불어 연돌이 이
쪽 사비 지역에 연고를 가진 인물일 것이란 점도 추측해 볼 수 있다. 그
래서 사비 지역의 세력들을 흡수하고, 이 지역으로의 천도를 준비할 수

있었던 것이 아닌가 한다. 동성왕은 세상을 떠나는 23년 겨울에도 사비 서쪽 벌판에서 사냥하다가 큰 눈에 길이 막혀 마포촌에 묵었다. 이때 결국 백가가 보낸 자객에 의해 죽음을 맞았던 것이다. 이같은 사실은 사비로의 사냥이 단순한 무술훈련이 아니라, 사비경영과 밀접한 관련이 있음을 보여주고 있다.

성왕은 부소산 남쪽에 왕궁을 마련하고, 부여 외곽에 나성(羅城)을 쌓아 본격적인 도성체계를 갖춘다. 또한 성왕은 고구려의 공격에도 적극적으로 대처하였다. 왕 재위 26년 고구려 양원왕이 한북의 독산성을 치자 신라에게 구원병을 요청하여 신라군과 함께 독산성 아래에서 고구려 군사들과 한바탕 싸워 무찔렀다. 또한 28년에도 장군 달기를 보내 군사 1만을 거느리고 고구려의 도살성을 쳐서 빼앗았다.

그러나 적은 바로 뒤에 있었다. 고구려의 남하에 긴장하며 이를 격퇴시키고 있을 때 정작 백제를 위기로 몰아넣은 것은 다름 아닌 우방 신라였다. 동성왕대 신라 왕실과 결혼관계를 맺어 우호적이었던 두 나라의 관계에 금이 가기 시작하였다. 그리고 백제가 고구려와 접전을 벌이고 있을 때인 성왕 31년 신라가 동쪽 변경을 빼앗아 신주를 설치하였던 것이다.

성왕은 분노를 감춘 채 오히려 자신의 딸을 신라에 시집보냈다. 이는 두 나라 관계를 호전시키고 신라를 방심하도록 하는 책략이었다. 그리고 다음해인 32년 7월에 신라를 습격하였다. 성왕은 친히 보병과 기병을 거느리고 신라에 이르렀으나 매복했던 신라의 복병들에게 역습을

무왕의 익산경영과 관련하여 익산에 남아 있는 미륵사지 석탑(높이 14.24m, 국보 제11호)

당하여 관산성(지금의 옥천)에서 죽음을 맞이하고 말았다.

　사비로 천도하면서 새롭게 정치체제를 정비하고 고구려에 멸망한 부여의 부활을 꿈꾸며 남부여로 국호를 개칭했던 군주가 바로 성왕이었다. 그런데 성왕은 중흥의 꿈을 이루지 못한 채 최후를 맞았던 것이다.

2) 의자왕대 백제의 멸망

　641년에는 의자왕(義慈王)이 즉위하였다. 성왕이 관산성에서 죽은 뒤 맏아들 위덕왕(威德王 : 554~598)이 즉위하였다. 그 역시 신라에 대한 복수를 도모하다가 즉위 45만에 죽고 동생 혜왕(惠王 : 598~599)이 올랐다. 그러나 2년만에 세상을 떠나게 된다. 혜왕의 아들 법왕(法王 : 599~ 600)도 왕흥사를 창립하고 불교를 중흥시키는 등 체제정비에 힘을 기울였으나 2년만에 죽는다. 법왕의 아들로서 서동설화와 관련된 무왕(武王 : 600~641)은 즉위하여 익산경영에 힘쓰면서 신라 공격의 고삐를 늦추지 않았다. 42년간의 재위를 누린 무왕의 뒤를 이은 군주는 바로 의자왕이었다.

의자왕의 자질은 출중하였다. 그를 역사는 용감할 뿐 아니라 대담하고도 결단력을 가진 인물로 기록하고 있다. 이같은 대담함과 결단성은 오히려 그의 독선을 불러일으킨 것이 아닌가 한다. 왕위에 오르기 전 무왕 33년에 태자가 된 의자왕은 부모를 효성으로 섬기고 형제간에 우애가 깊어 그를 '해동의 증자' 라고 불렀다. 의자왕은 무왕이 재위 43년만에 돌아가자 그의 뒤를 이어 왕위에 올랐다.

의자왕의 즉위 초기에는 정사가 잘 운영되었다. 모든 위정자들이 처음엔 의욕을 가지고 국정을 운영하기 마련이다. 그러나 모든 일은 마무리가 중요한 것이다. 의자왕도 끝을 잘 맺지 못했기 때문에 두고두고 역사의 비판을 받는 군주가 되었다. 즉위한 해와 이듬해 의자왕은 당나라에 사신을 보내 조공하면서 중국과의 외교관계를 다졌다. 그리고 대내적으로는 지방을 순행하면서 백성들을 위무하고, 죄수들을 재심사하여 사형수를 제외하고는 모두 용서해 주었다. 지금으로 말하자면 대사면을 단행한 것이다.

이같은 대화합의 분위기 속에서 의자왕은 신라를 적극적으로 공격하였다. 즉위 2년 가을에는 직접 군사를 거느리고 신라를 침공하여 40여 성을 항복시켰다. 이에 만족하지 않은 의자왕은 다시 장군 윤충을 보내어 신라의 대야성을 친다. 대야성의 성주 품석이 처자를 데리고 나와 항복하였으나 윤충은 그들을 모조리 죽이고 품석의 목을 베어 왕에게 전달한다. 그리고 남녀 포로 8천여 명도 사로잡아 귀향하였다. 이 사건은 신라인들로 하여금 분노를 일으켰다. 품석의 아내는 바로 신라의 실권자였던 김춘추의 딸이었다.

의자왕의 신라 공격은 그칠 줄 몰랐다. 신라가 당나라와의 관계에 치중하는 것을 눈치채고, 고구려와 이내 화친을 맺었다. 그리고 당나라로 가는 항구가 자리한 당항성을 쳐서 신라의 당나라 길을 차단하려고 하였다. 그러나 신라의 선덕여왕이 당나라에 사신을 보내 구원을 청하게 되자 군사를 철수시키게 된다. 이 틈을 타서 신라의 김유신이 군사를 거느리고 변경의 7개 성을 빼앗았다. 의자왕은 당이 고구려 공격에 신라 군사를 징발한 소식을 듣고, 이 틈을 타서 다시 7개의 성을 차지했다. 밀고 밀리는 신라와의 신경전이 지속된 것이다.

의자왕 7년에도 장군 의직이 보병·기병 3천을 거느리고 신라의 성을 공격했으나 도리어 김유신의 군대에 반격을 받아 패배하였다. 이때 의직만이 단신으로 백제로 돌아온다. 의직은 다음해 복수를 위해 다시 신라의 서부 변경 10여 성을 습격하여 빼앗았다. 그러나 더 진군을 거듭하다 옥문곡에 이르어 신라 장군 김유신의 반격으로 다시 패배하게 된다. 왕 재위 9년에도 좌장 은상이 신라를 쳐서 7개 성을 빼앗게 되지만,

다시 김유신 등의 반격을 받는다. 의자왕 11년 당나라에 사신을 보냈더니 당 고종은 조서를 빌려 신라와의 전쟁을 중단할 것을 경고하였다.

"왕이 겸병한 신라의 성들을 전부 본국으로 돌려주어야 한다. 신라에게도 사로잡은 백제 포로들을 왕에게 돌려보내도록 하였다. 그렇게 하지 않는다면 신라에서 왕과 결전하도록 내버려 둘 것이며, 고구려에게도 밖에서 구원하지 못하도록 할 것이다."

이러한 당의 엄중한 경고에 의자왕은 전쟁을 그치는 듯 하였다. 그러나 왕 재위 15년 다시 고구려와 함께 신라의 30여 성을 격파하였다. 신라전의 승리에 취한 의자왕은 궁녀들과 놀며 음란과 향락을 가까이 하였다.

왕의 향락을 지켜보던 성충(成忠)은 이를 말리다가 옥에 갇히게 되었다. 신하들의 충언은 듣지 않고 직언하는 자를 오히려 감옥에 가두자, 왕의 실정을 감히 말하는 사람이 없게 되었다. 성충은 옥에서 말라 죽으면서도 왕에게 글을 올려 충언하였다.

"충신은 죽어도 임금을 잊지 않는 것이니 한마디 말을 하고 죽겠습니다. 제가 늘 시국의 일을 관찰하건데 반드시 전쟁이 있을 듯 합니다. 대체로 군사를 쓸 때는 반드시 장소를 가려야 하는 바 상류에서 대적을 맞아야만 군사를 보전할 수 있습니다. 만일 당나라 군사가 오거든 육로로는 침현(沈峴)을 통과하지 못하게 하고, 수군은 기벌포(伎伐浦)의 언덕으로 들어오지 못하게 하여 험준한 곳으로서 방어하여야만 견딜 수 있을 것입니다."

이렇듯 죽음을 앞에 둔 성충은 신라와의 전쟁을 예견하고, 의자왕에게 진심어린 간언을 남겼던 것이다. 그러나 의자왕은 거들떠 보지도 않았다. 이미 의자왕은 독단으로 치닫고 있었다.

17년에는 왕의 서자 41명을 임명하여 좌평을 삼고, 이들에게 각각 식읍(땅)을 주었다. 의자왕은 서자들이 41명이나 되었는데 이들에게 좌평이라는 높은 관직을 준 것은 비록 명예직이라고 하더라도 정치적인 문란을 예고하는 사건이었다. 또한 계속된 전쟁으로 인해 인력과 물자 동원에 지친 백성들은 돌보지 않는 가운데, 41명의 서자들에게 넓은 토지를 사여한 것도 경제적인 위축을 가져오게 한 원인이 되었다.

이러한 실정의 연속은 백제의 비극적인 운명을 부추기고 있었다. 『삼국사기』에는 이를 알리는 여러 징조들이 나타나고 있다.

19년 봄 2월에 여우떼가 궁중에 들어왔는데, 흰 여우 한 마리가 상좌평의 책상 위에 올라 앉았다.
4월에 태자궁에서 암닭이 참새와 교미하였다.
5월에 사비의 강에서 큰 고기가 나와 죽었는데, 길이가 3장(丈)이었다.
9월에는 대궐 뜰에 있는 홰나무가 사람이 우는 것과 같이 울었으며, 밤에는 대궐 남쪽 행길에서 귀곡성이 있었다.

20년 봄 2월에 서울의 우물물이 피빛으로 되었다. 사비하의 우물물도 피빛과 같이
　　붉었다.

　백제 사회의 혼란을 암시하는 여러 가지의 기괴한 징조가 소문으로
나돌았다. 특히 '여름 4월에 서울 시민들이 까닭도 없이 누가 잡으러
오기라도 하는 것처럼 놀라서 달아나다가 쓰러져 죽은 자가 1백여 명이
나 되고, 많은 재물을 잃었다'는 기록이 보인다. 이러한 혼란을 틈타
도적질이 성행하였음을 일러준다.
　이는 백제의 멸망을 알리는 전주곡같은 것이었다. 어느 날에는 귀신
이 대궐 안에 들어와서 "백제가 망한다. 백제가 망한다."고 크게 외치
다가 땅속으로 들어갔다. 왕이 이상하게 생각하여 사람을 시켜 땅을 파
게 하였더니 거북 한 마리가 발견되었는데 등에 다음과 같은 글귀가 들
어있었다고 한다.

　'백제는 달과 같이 둥글고 신라는 달과 같이 새롭다(百濟同月輪 新羅如月新).'

　왕이 무당에게 물었다. 무당은 말하였다. "달과 같이 둥글다는 것은
가득 찬 것이니 가득 차면 기울며, 달과 같이 새롭다는 것은 가득 차지
못한 것이니 이는 점점 가득 차게 됩니다." 좋은 말은 귀에 쓰기 마련이
다. 의자왕은 무당의 말에 성이 머리끝까지 올라 그 무당을 죽였다. 어
떤 자가 또 말하였다. "달과 같이 둥글다는 것은 왕성하다는 것이요.

달과 같이 새롭다는 것은 미약한 것이니, 생각컨대 우리나라는 왕성하여지고 신라는 차츰 쇠약해 진다는 것입니다." 이 말을 들은 의자왕은 옳고 그름을 떠나 마냥 기뻐하였다.

이러한 일이 백제 왕실에서 벌어졌을 때 당나라 고종은 신라에 조서를 보냈다. 이를테면 작전명령을 시달한 것이다. 좌위대장군 소정방으로 신구방면 행군대총관을 삼아 군사 1만3천을 거느리고 백제로 건너와서 치게하고, 신라왕 김춘추를 우이방면 행군 총관을 삼아 군사를 이끌어 당나라 군사와 세력을 한 군데로 모으게 하였다.

이 소식을 들은 백제 조정은 나라의 국운을 놓고 회의를 열었다. 의견은 양분되었다. 당나라 군사가 멀리 바다를 건너왔으니 이들을 먼저 치는 것이 좋다는 의견과 신라는 우리 군사에 패배를 당한 적이 있기 때문에 신라군을 먼저 공격하는 것이 좋다는 쪽으로 갈라졌다.

의자왕은 귀향살이를 하고 있던 좌평 흥수(興首)에게 사람을 보내 "사태가 위급하게 되었으니 어떻게 하면 좋겠는가"하고 물었다. 흥수의 대답은 전날 성충의 견해와 같았다.

"마땅히 날랜 군사를 선발하여 백강(기벌포라고도 한다)과 탄현(침현이라고도 한다)에 가서 지키게 하여 당나라 군사로 하여금 백강으로 들어오지 못하게 하고 신라 군사로 하여금 탄현을 통과하지 못하게 하십시오. 그리고 대왕께서는 성문을 여러 겹으로 닫고 든든히 지켜 그들의 물자와 군량이 떨어져 군사들이 피곤하여 질 때를 기다린 연후에 맹렬하게 공격한다면 단연코 이길 수 있을 것입니다."

사비시대 왕실 무
덤군인 부여 능산
리고분 전경

  그러나 대신들이 "홍수가 오랫동안 감옥에서 지내 임금을 원망하고
나라를 사랑하지 않을 것이니 말을 따를 수 없다"고 하자, 의자왕은 이
들의 말을 따라 홍수의 말과 반대로 행동하였다. 이때 신라군을 막기
위해 전장터에 나간 장군이 계백(階伯)이다. 이미 백강과 탄현을 지난
당나라와 신라 군대는 파죽의 지세로 공격해 왔다. 계백은 결사대 5천
을 거느리고 황산으로 나가 싸웠다. 신라군과 네 번을 싸워 모두 이겼

으나, 신라군의 계속된 공격에 백제군은 중과부적이어서 마침내 계백과 5천의 결사대까지 잃는 패배를 당하게 된다.

이때 해로를 따라 상륙한 당의 소정방 부대는 도성에 육박하였다. 이에 맞서 싸우다가 죽은 백제 군사만도 1만여 명에 달하였다. 의자왕은 성충의 간언을 듣지 않은 것을 한탄하였으나 이미 때는 늦었다.

당나라 깃발이 백제 성위에 세워지자 결국은 성문을 열고 모두 항복하게 되었다. 북쪽 변경으로 도망갔던 의자왕과 태자, 왕자 및 대신들과 장사 88명을 포함한 주민 12,807명이 당나라 서울로 호송되었다. 의자왕의 실정은 개인의 아픔으로 끝난 것이 아니었다. 많은 백성들을 죽음으로 몰아넣고, 백제 역사를 비극의 종말로 이끌었던 것이다. 한 나라를 망국으로 몰아넣은 역사의 죄인이 되었던 의자왕은 결국 낯선 이국 땅에서 병으로 숨을 거두어 북망산에 묻히게 되었다.

3) 백제 부흥의 꿈

당과 신라의 연합군 협공에 660년 백제의 왕성은 열리고 말았다. 그리하여 왕과 왕자들, 대신들도 포로의 신세가 되어 낯선 이국 땅으로 끌려갔다. 위정자의 잘못으로 인해 한 나라가, 나라뿐 아니라 아무 잘못이 없는 백성들에게도 망국의 한으로 돌아갔다. 그러나 민초의 백성들은 쉽게 포기하지 않았다. 마지막까지 백제부흥의 꿈을 잃지 않고 항쟁에 나섰던 것이다.

무왕의 조카인 복신(福信)이 승려 도침(道琛)과 함께 군사를 거느리고 주류성에 웅거하면서 당나라에 항거하였다. 이들은 전왕의 왕자로서 일찍이 왜국에 볼모가 되었던 부여풍(扶餘 豊)을 맞아 왕으로 삼았다. 이에 백제 서북부에서 모두 호응하여 군사를 이끌고 도성을 차지한 당나라 장군 유인원을 에워쌌다.

당에서는 조서를 내려 유인궤를 파견하여 신라군과 함께 유인원을 구하도록 하였다. 전진해오는 유인궤의 군사를 막지 못한 복신 등은 도성의 포위를 풀고 퇴각하여 임존성으로 들어가 지구전을 펴기에 이른다. 신라 군사들은 식량이 떨어져서 군대를 이끌고 돌아갔다. 복신과 도침은 임존성에 머물면서 무리를 모아 그 세력을 더욱 확대하였다. 그리고는 사람을 보내 유인궤에게 말하였다.

듣자하니 당나라가 신라와 더불어 약속하기를 백제 사람들은 늙은이 젊은이 할 것 없이 모조리 죽여버린 뒤 나라를 신라에 넘겨주기로 하였다고 하니, 차라리 앉아 있다가 죽기 보다는 싸우다가 죽는 것이 낳겠다고 생각하여 이렇게 결집하여 고수하고 있을 따름이다.

이들의 결의는 비장하였다. 그러나 장기화되면서 도침의 세력이 비대해지자 무왕의 조카였던 복신이 도침을 죽이고 그의 군사를 겸병하였다. 어려울수록 힘을 합쳐야 한다는 평범한 진리를 잊은 채 자기의 권력을 확대하기 위한 사욕이 앞선 것이다. 부여풍은 이를 제어하지 못하고 다만 제사나 주관하고 있었다. 밖으로 신라와 당연합군의 계속되는

백제 부흥운동의 시발지이자, 최후의 항전지였던 임존성 전경(동에서)

공격 속에서 복신은 부여풍마저 제거하기 위한 꾀를 내었다.

병을 핑계로 풍의 문병을 기다리던 복신은 도리어 이 계책을 눈치챈 풍의 역습을 받아 자신이 죽음을 맞게 된다. 백제의 유민들은 고구려·왜와 손잡고 당에 항거하였으나, 7천 명의 증원군을 보강한 당나라 군사의 기세를 막기 힘들었다. 당나라군과 신라 김법민이 이끈 육군과 유인궤와 부여륭이 이끈 수군이 동시에 공격을 감행하였다. 이때 부흥군의 왕인 부여풍은 도망을 쳤다고 한다. 백제 달솔로서 풍달군의 군장이었던 흑치상지(黑齒常之)도 3만여 명의 무리를 모아 소정방에 항거하였다. 그러나 흑치상지도 이때 항복하게 된다. 홀로 남아 임존성에서 저항하던 지수신(遲受信)도 고구려로 도망갔다.

백제의 부흥을 위해 일어난 세력들도 결국 꿈을 이루지 못한 채 신라 군과 당군의 무력 앞에 쓰러지고 말았다. 이들의 부흥운동은 소규모가 아니라 왕족과 장군들, 그리고 일반 백성들이 함께 한 총력전이었다. 그리고 고구려·왜도 이 전쟁에 뛰어들었다. 그러나 지도부의 내분으로 전쟁은 실패로 돌아갔다. 결국 백제는 전쟁터가 되어 집들은 모두가 폐허로 변했고 쓰러진 시체가 풀더미와 같았다.

그러나 백제 부흥의 꿈은 부흥군의 좌절로 끝나지 않았다. 892년 견훤(甄萱)이 전라도 지역을 배경으로 후백제(後百濟)를 건국하였다. 상주 지방 농민의 아들이었던 견훤은 신라군에 들어가 비장(裨將)이 되었다. 이어 신라 진성여왕의 실정으로 각지에서 반란이 일어나자 자립하여 무진주(지금의 광주)를 취하고 다시 완산주에 이르러 후백제를 건국했던 것이다.

견훤이 국호를 후백제라고 칭한 것은 충청도·전라도 지방의 백제 유민에 대한 신라 정부의 차별대우에서 비롯된 반감을 이용하기 위한 것이었다. 백제는 멸망했지만 백제 부흥의 꿈은 면면히 이어졌다. 오늘날에도 많은 유적과 유물들이 백제 역사를 부활시키고 있다. 『삼국사기』 백제멸망 기록 말미에는 다음과 같은 기록이 있다.

당나라 유인궤가 명령을 내려 해골들을 묻고 호구를 등록하며 촌락들을 정리하고 관리들을 임명하였다. 또 도로를 개통하고 교량을 가설하며 제방을 수축하고 저수지들을 복구하여 농업을 장려하고 가난한 자들을 구제하고 고아와 늙은이들을 양육하게 하였다. 당나라의 사직을 세우고 정삭과 묘휘를 반포하니 백성들이 기뻐하여 각각 자기 집에 안착하게 되었다.

전쟁으로부터의 폐허를 복구한 당나라가 마치 큰 시혜를 베푼 것처럼 기록하고 있다. 그러나 나라를 잃은 아픔과 전쟁의 상처를 그 무엇으로 보상할 수 있겠는가.

백제 중앙통치제도의 정비

　백제는 역사 발전과정에서 중앙과 지방의 통치를 위하여 여러 제도의
정비를 단행하였다. 중앙통치조직의 핵심은 관등제와 관부·관직제 및
귀족회의체라고 할 수 있다. 이 세 부분은 서로 긴밀한 유기적 관계 속
에서 국가운영의 기본 틀을 이루었다. 백제 중앙권력 속에 흡수된 각지
의 수장세력들은 관등을 가짐으로써 지배체제 내에서의 자기 위상을
확보할 수 있었다. 그리고 관직을 통하여 국정에 직접 참여하게 되었
다. 이들은 귀족회의체를 구성하여 국가의 중요한 문제들을 논의하고
결정하였다. 그러나 중요한 것은 이들의 상위에 왕을 중심으로 한 국가
권력이 있었다는 것이다.
　백제의 중앙통치조직은 백제가 한성에서 웅진으로, 웅진에서 다시 사
비로 천도하는 시대 상황 속에서 여러 차례의 변화를 겪었다. 백제의
중앙통치조직의 내용과 그 변모과정을 관등제와 관부와 관직, 그리고
귀족회의체를 중심으로 살펴 보고자 한다.

1. 관등제의 정비

백제가 소국 단계에 머물렀을 때에는 아직 중앙권력의 집중과 체제가 정비되지 않아 관등과 관직은 분화되지 않은 상태였다. 그러나 체제가 정비되면서 관등과 관직도 세분화되기에 이른다.

백제 초기 지배조직의 명칭은 자세한 기록이 없어 전모를 파악하기는 힘들다. 백제 국가의 발전과정에서 일찍부터 보이는 관제로는 우보(右輔)와 좌보(左輔)를 들 수 있다. 온조왕 2년(기원전 17년)에 족부(族父) 을음(乙音)이 처음 우보로 임명되었고, 좌보는 다루왕 10년(기원전 37년)에 우보였던 흘우(屹于)가 좌보로 임명되었다. 이 관직에는 왕족을 비롯하여 유력한 세력가가 임명되었는데, 대체로 전임자가 사망한 후 후임자가 뒤를 잇는 것이 관례였다. 이들의 직능은 왕으로부터 군사관계의 업무를 위임받아 관장하는 것이었다. 백제의 왕은 재지세력으로서의 독자성을 상당히 유지했던 이들을 좌보와 우보에 임명하여 이들을 국가권력의 공적인 체제 내로 흡수해 나갔던 것이다.

고이왕대에 들어와서 백제는 중앙집권화를 더욱 적극적으로 추진하였다. 이 과정에서 각 지역의 귀족세력들은 자신들의 족적인 기반을 해체당하면서 점차 중앙귀족으로 전환하게 되었다. 이렇듯 중앙귀족화된 세력들은 일정한 지역에 편제되었다. 이들 귀족들의 정치적 거주처가 바로 부(部)였다고 할 수 있다. 이 시기에 성립된 부는 모두 5개였다. 5부의 명칭은 처음에는 백제 고유의 토착적 용어로 표기되었겠지만 후

673년에 제작된 전씨 아미타불비불상이 연기군 전의 비암사에서 출토되었다. 이 비불상에는 신라의 관등과 함께 백제 관등인 달솔이라는 명문이 있다. (국립청주박물관)

에는 동·서·남·북부와 중부라고 하는 방위를 나타내는 명칭으로 바뀌었다. 따라서 이 시기 백제의 5부체제는 지방통치체제, 또는 행정구획적 성격의 것으로 이해할 수 있다.

  5부체제의 성립으로 중앙의 권력이 강화되면서 지배조직도 확대되었다. 이같은 지배조직의 확대과정에서 자연스럽게 관등이 형성되었다. 관등은 중앙귀족세력들을 서열화하여 그들 상호간의 상·하와 존·비를 구별지었던 제도적 장치라고 할 수 있다. 이 시기에 만들어진 관등제는 좌평(佐平)과 솔(率) 계열 같은 상위의 관등과 좌군(佐軍)·진무(振

武) · 극우(剋虞) 등의 하위의 관등으로 이루어졌다. 고이왕은 관등을 귀
족세력들에게 수여함으로써 이들을 왕권 하에 편제해 나갔던 것이다.
고이왕대를 거쳐 근초고왕대에 오면서 백제는 중앙집권적 국가체제를
완비하였다. 중앙집권체제의 완비로 귀족세력들은 이전에 지녔던 독자
적인 세력기반이 완전히 해체되었다. 그래서 독자적인 군사운용권과
지배조직도 국왕 중심의 지배체계 내로 흡수되었다. 이 과정에서 관등
제도 또한 일원적으로 정비되었다.

이 시기의 관등제는 솔계 관등이 달솔(達率)에서 내솔(奈率)에 이르기
까지 5개의 관등으로 분화되었다. 또 덕계 관등은 장적(將德)에서 대덕
(對德)에 이르기까지 5개로 분화 정비되는 과정을 거쳤다. 근초고왕대
에 정비된 관등의 구체적인 내용은 분명하지는 않다. 그러나 훗날 사비
시대에 와서 완비된 16관등 가운데 문독(文督)과 무독(武督)을 제외한
나머지 다른 관등들은 고이왕대와 근초고왕대에 거의 설치된 것으로
보인다.

이후 백제는 개로왕대에 와서 고구려군의 공격을 받아 왕도가 함락되
고 왕이 전사하는 위기상황을 맞게 된다. 이러한 상황을 극복하기 위해
문주왕은 웅진으로 천도하였으나 정치정세는 더욱 불안정해졌다. 병관
좌평 해구(解仇)가 문주왕을 살해하고 삼근왕을 세웠다가 반란을 일으
킨 사건은 정치불안에서 비롯되었다. 이어 동성왕대에 위사좌평 백가
(苩加)가 왕을 살해하고 반란을 일으킨 사건 또한 이 시기의 정정불안
을 단적으로 보여준다. 웅진천도 이후의 정치적 불안정은 무령왕대에

와서 극복되었고, 성왕은 사비천도를 단행하여 중흥을 도모하였다.

사비로의 천도를 계기로 성왕은 중앙 및 지방통치조직을 비롯하여 국가체제 전반을 새롭게 정비하였다. 이 과정에서 완비된 관등제가 16관등제이다. 이 16관등제는 한성시대의 관등제에 문독과 무독을 새로 추가하여 성립된 것으로 보인다. 이 16관등제의 명칭은 다음의 [표 1]과 같다.

[표 1] 백제의 16관등제

품	『주서』		『북사』		『삼국사기』 고이왕기	
1품	좌평(佐平)	관식은화	좌평	관식은화	좌평	관식은화와 자복
2품	달솔(達率)		달솔		달솔	
3품	은솔(恩率)		은솔		은솔	
4품	덕솔(德率)		덕솔		덕솔	
5품	한솔(扞率)		한솔		한솔	
6품	나솔(奈率)		나솔		나솔	
7품	장덕(將德)	자대	장덕	자대	장덕	비복
8품	시덕(施德)	조대	시덕	조대	시덕	
9품	고덕(固德)	적대	고덕	적대	고덕	
10품	계덕(季德)	청대	계덕	청대	계덕	
11품	대덕(對德)	황대	대덕	황대	대덕	
12품	문독(文督)	백대	문독	백대	문독	청복
13품	무독(武督)		무독		무독	
14품	좌군(佐軍)		좌군		좌군	
15품	진무(振武)		진무		진무	
16품	극우(剋虞)		극우		극우	

성왕대에 완비된 이 16관등제는 백제 말기에 오면서 대좌평·중좌평·하좌평과 같은 특진의 관등이 생기는 변화를 보이게 된다. 또 의자왕이 왕의 서자 41명을 좌평으로 임명한데서 보이는 것처럼 관등제가 문란해지고, 점차 분화하여 파행적으로 운영된 것으로 볼 수 있다.

이상으로 백제 관등제의 성립배경과 변화과정을 대체적으로 살펴보았다. 여기서 드러난 백제 관등제의 특징을 요약하면 다음과 같다.

16관등제에서 가장 중심을 이룬 것은 좌평(佐平)이었다. 좌평은 1품으로서 최고의 관등이었다. 『삼국사기』 고이왕 27년조를 보면, 6좌평에 대한 기록이 나온다. 내신좌평은 왕명을 받드는 출납을 맡았고, 내두좌평은 물자·창고에 대한 일을 맡았다. 그리고 내법좌평은 예법과 의식을, 위사좌평은 숙위와 병사를, 조정좌평은 형벌과 송사를, 병관좌평은 지방의 군사를 맡았다고 기록되어 있다. 이를 6좌평제라고 할 수 있는데 이 6좌평 가운데 내신좌평이 수석좌평의 기능을 한 것으로 보인다. 6좌평의 명칭과 고유직능은 다음 [표 2]와 같다.

[표 2] 6좌평의 명칭과 직능

좌평의 명칭	좌평의 직능
내신좌평 (內臣佐平)	왕명의 출납 (掌宣納事)
내두좌평 (內頭佐平)	재정 담당 (掌庫藏事)
내법좌평 (內法佐平)	예법과 의식 담당 (掌禮儀事)
위사좌평 (衛士佐平)	숙위와 병사 담당 (掌宿衛事)
조정좌평 (朝廷佐平)	형벌과 송사 담당 (掌刑獄事)
병관좌평 (兵官佐平)	지방의 군사 담당 (掌外兵馬事)

이후 전지왕대에 와서 상좌평이 설치되면서 분화가 시작되었다. 시간이 지나면서 더욱 분화되어 대·중·하좌평 등이 만들어진다. 이렇듯 한성시대에 이루어진 좌평제도는 웅진도읍기를 거쳐 사비천도 후에도 유지된 것으로 보인다.

다음 2품 달솔에서 6품 나솔까지는 솔(率)을 어미로 하는 솔계 관등이다. 이 가운데 대솔이라고도 했던 달솔의 정원은 30명이었다. 달솔의 정원을 30명으로 정한 것은 지배계급 내의 제한된 관등이었기 때문이다. 이는 이러한 관등을 소지한 귀족들의 정치적 비중이 그만큼 크다는 사실을 의미한다고 할 수 있다.

제7품 장덕에서 제11품 대덕까지는 덕(德)을 어미로 하는 덕계 관등이다. 그리고 제12품 문독과 제13품 무독은 독(督)을 어미로 갖는 독계 관등이다. 이 관등은 우리나라 관등제도에서 문무를 구분한 최초의 예가 된다고 할 수 있다. 제14품 좌군에서 제16품 극우의 관등은 무계 관등으로서의 무사적인 성격의 관등으로 보인다.

16관등제는 복색에 의해 다시 구분되었다. 1품 좌평에서 6품 나솔까지의 복색은 자복(紫服)이었다. 7품 장덕에서 11품 대덕까지의 관등의 복색은 비복(緋服)이고, 13품 문독에서 16품 극우까지의 복색은 청복(靑服)이었다. 이같이 백제의 관복제는 관등제와 짝하여 정비되었다. 한편 관식(冠飾)에서는 왕이 금제였던데 비해 좌평에서 나솔까지는 관을 은화(銀花)로 장식하였다. 무령왕릉에서 나온 금제관식은 이를 입증한다. 익산 입점리(笠店里) 고분에서 출토된 은제관식은 이 고분의 피

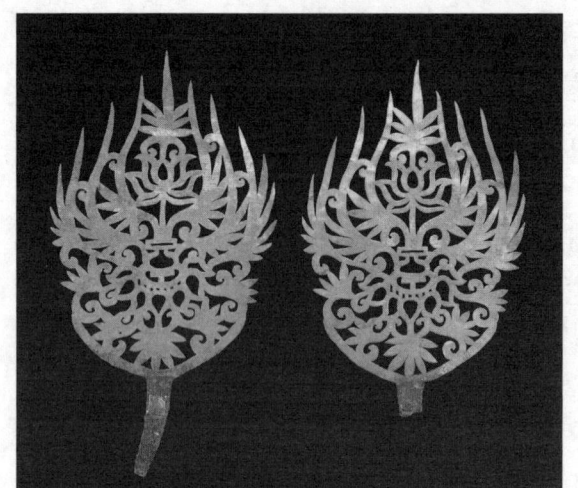

무령왕릉에서 나온 왕비의 금제관식(국립공주박물관)

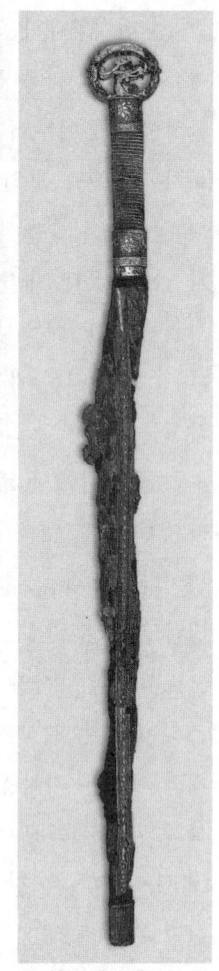

무령왕릉에서 출토된 환
두대도(길이 82.0cm, 국
립공주박물관)

장자가 좌평 또는 솔계 관등을 소지한 인물이었을 것이다. 그러나 덕계 관등이하 관료들이 쓰는 관모의 장식에 대해 설명한 기록은 없다.

16관등제는 띠의 색으로도 구분되었다. 띠의 색은 7품 이하부터 보인다. 장덕은 자주빛 띠, 시덕은 검은 띠, 주덕은 붉은 띠, 계덕은 푸른 띠였다. 대덕과 문독은 다같이 노랑 띠이고, 무독과 좌군·진무·극우는 흰 띠를 둘렀다. 이처럼 관등에 따라 띠의 색이 상세하게 구분한 것을 백제 관등제의 특색이라고 할 수 있다. 이와 같이 백제의 관

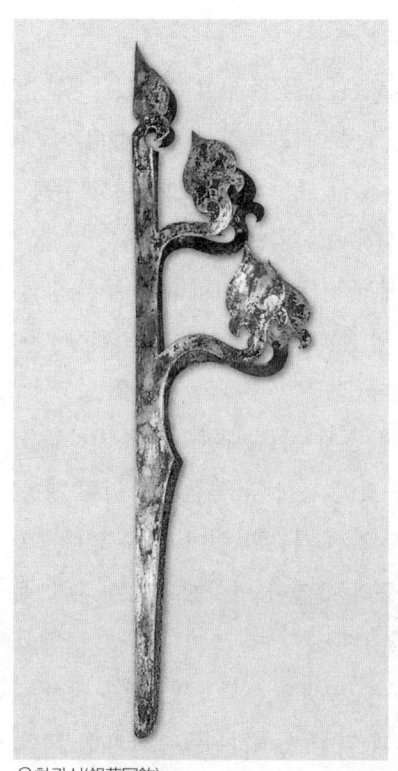

은화관식(銀花冠飾)
논산 육곡리 출토, 길이 18.2cm(국립공주박물관)

은화관식(銀花冠飾)
부여 하황리 출토, 길이 17.0cm(국립부여박물관)

등제와 관복제는 신분제도와도 밀접한 관련을 가진 것으로 보인다. 어떤 개인이 신분제사회에서 관등을 가졌다는 것은 지배신분층에 속하였음을 의미한다. 그러나 이 지배신분층도 가문의 격에 따라 구별되었다. 백제에서의 지배계층은 관등제와 복색제에 의해 크게 세 신분층으로 구분해 볼 수 있다.

첫째는 1품 좌평에서 6품 나솔까지의 관등을 소지할 수 있는 신분층이다. 이들은 관의 장식이 동일하고, 또 복색도 똑같이 자복(紫服)에 이어서 제1의 지배신분층이라고 할 수 있다. 왕족을 비롯한 대성 8족은 바로 제1의 지배신분층을 구성한 중심세력들이라고 할 수 있다.

다음 비복(緋服)을 입고 자주빛 띠에서 누른 띠까지의 띠를 두른 장덕 이하 대덕까지의 관등이다. 이들은 덕(德) 계열로서 제2의 지배신분층이 진출하는 관등이라고 할 수가 있다. 다음 푸른색의 관복을 입고 누른 띠와 흰 띠를 두르는 문독 이하 극우에 이르는 관등의 소지자들을 제3의 지배신분층이라고 할 수 있을 것이다. 신라 골품제와 같이 관등에 따른 승진제한 규정이 있었는지도 관련 사료가 없어 알 수 없다. 그러나 지배신분층 내에서도 백제 관등의 우열이 명확했으므로, 관등에 따른 승진제한이 있었을 것으로 생각된다.

이와 같이 복색제에 따라 지배신분층을 셋으로 나누면, 백제 국가는 지배신분층 아래의 일반 평민신분층과 더불어 최하위에는 노비를 포함한 천민신분층이 존재했던 사회였음을 알 수 있다.

2. 관부와 관직의 설치

백제 국가는 중앙집권적 국가체제를 갖추면서 영역이 넓어지고, 일반민에 대한 지배력도 강화되었다. 이에 따라 중앙의 유력귀족들이 차지했던 독자적인 지배조직은 해체되어 왕권 아래 일원화하기에 이른다. 이로써 국가운영에 필요한 업무도 크게 확대되고 매우 복잡한 양상을 보였다. 이와 같이 확대되고 복잡해진 업무들을 효율적으로 처리하기 위해 각 업무를 분담하는 여러 관부들이 생겨났다. 이에 각 관부 내에는 업무를 담당하는 관직조직의 정비가 불가피하게 되었던 것이다.

한성 및 웅진도읍기의 행정조직은 자료가 없어 구체적인 내용은 알 수가 없다. 그러나 사비시대의 중앙관서는 『주서』권 49, 열전 41, 이역상, 백제전에 기록된 내용을 빌려 대략은 파악할 수 있다. 사비시대의 중앙관서는 부(部)와 사(司)로 나뉘어졌다. 각각 국사를 나누어 맡았던 이들 중앙관서 가운데 부(部)는 중앙의 핵심적인 관청이었다. 그리고 사(司)는 부의 통제를 받은 속사적(屬司的) 성격의 관청으로 보인다.

중앙관청으로서의 부는 22부가 있었다. 이 22부는 내관 12부와 외관 10부로 구성되었다. 내관은 궁중과 왕실의 사무를, 외관은 일반 서정을 관장하는 관서였다. 그런데 이 22부제에서 내관의 수가 외관보다 많다고 하는 사실은 왕실업무의 방대함을 보여주는 동시에 왕실 중심의 정치운영과 관련된 것으로 생각된다. 내관 12부 가운데 전내부는 명칭으로 미루어 왕실관계의 업무를 총괄하고 국왕근시와 왕명출납의 직무를 관장한 부서로 보인다.

이같은 전내부의 기능은 신라의 내성과 비슷하다고 할 수 있다. 곡부(穀部)와 육부(肉部)는 각각 어공(御供)에 관계되는 곡물과 육식관계를, 내경부(內椋部)는 이름에서 나타나듯, 경의 뜻이 고구려의 경우 창고를 의미하기 때문에 왕실의 창고 업무를 담당한 부서로 보인다. 마부(馬部)는 왕실 소용의 어마(御馬)를, 도부(刀部)는 도검(刀劍) 등 무기의 제작과 관리를 담당한 부서였을 것이다. 공덕부(功德部)는 불교사원을 관할하는 관청의 성격이 강하다.

특히 왕실의 안녕을 기원하기 위해 건축한 사원이나 왕성 내에 설치한 내제석원(內帝釋院) 등의 사원을 관할하였을 것이다. 약부(藥部)는 약의 제조와 치료를 담당하는 기관으로서 어의(御醫)의 기능을 가진 것으로 생각된다. 목부(木部)는 왕실에 소요되는 모든 토목공사를 담당한 기관으로 보이며, 법부(法部)는 의례와 왕의 의장관제 및 율령과 관련되는 업무를 관장하는 부서로 생각된다. 후궁부(後宮部)는 왕의 후궁과 관계되는 여러 업무를 관장하였을 것이다.

외관으로는 10부가 있었다. 10부 가운데 사군부(司軍部)는 『주례』(周禮)나 『서경』(書經)에 보이는 사마(司馬)와 같은 것으로 내외 병마관계를 관장한 부서로 생각할 수 있다. 사도부(司徒部)는 교육과 의례관계의 업무를, 사공부(司空部)는 토목과 재정관계의 업무를, 사구부(司寇部)는 형벌업무를 담당한 부서로 짐작된다. 점구부(點口部)는 호구파악 및 노동력 징발업무를, 객부(客部)는 외교관계 및 사신접대의 업무를, 외사부(外舍部)는 관료의 인사와 관련된 업무를 담당한 부서였을 것이다. 주부(綢部)는 직물의 제조와 직물수공업자 관계의 업무를, 일관부(日官部)는 천문기상과 점술관계의 업무를, 도시부(都市部)는 상업과 교역 그리고 시장업무를 장악한 부서로 파악된다. 이와 같이 외관 10부는 국가의 일반 서정을 관장하는 관서였다. 백제 22부의 직능을 표로 정리하면 [표 3]과 같다.

[표 3] 백제 22부의 명칭과 직능

내관(內官)	외관(外官)
전내부(前內部) : 국왕근시(國王近侍)	사군부(司軍部) : 병마군사(兵馬軍事)
곡　부(穀　部) : 곡물공선(穀物供膳)	사도부(司徒部) : 학문교육(學問敎育)
육　부(肉　部) : 육류공선(肉類供膳)	사공부(司空部) : 토목건축(土木建築)
내경부(內椋部) : 내창재정(內倉財政)	사구부(司寇部) : 형벌사법(刑罰司法)
외경부(外椋部) : 외창재정(外倉財政)	점구부(點口部) : 호적징발(戶籍徵發)
마　부(馬　部) : 구마승물(廄馬乘物)	객　부(客　部) : 외교관계(外交關係)
도　부(刀　部) : 도검무구(刀劍武具)	외사부(外舍部) : 국정인사(國政人事)
공덕부(功德部) : 불교사원(佛敎寺院)	주　부(綢　部) : 직물징수(織物徵收)
약　부(藥　部) : 약물의료(藥物醫療)	일관부(日官部) : 천문점술(天文占術)
목　부(木　部) : 목공건조(木工建造)	도시부(都市部) : 상업교역(商業交易)
법　부(法　部) : 예의관계(禮儀關係)	
후궁부(後宮部) : 후궁관계(後宮關係)	

외관 10부 가운데 사군부를 비롯하여 사도부·사공부·사구부는 관장업무로 미루어 외관 10의 가장 핵심이 되는 부서로 파악된다. 그 명칭은 중국의 『주례』의 관명과 동일하므로 중국제도에서 차용해 온 것이다. 이처럼 백제가 『주례』의 관명을 차용한 것은 당시 중국의 북주가 주례주의(周禮主義)에 입각하여 왕권 중심의 관제정비를 시도한데서 비롯된 것으로 보인다.

이와 같이 관부(官府)의 정비는 각 관부의 업무를 수행하기 위한 관직의 설치와 정비를 가져왔다. 그러나 각 관부에 설치된 관직의 명칭과 체계가 어떠한 것이었는지, 또한 관직과 관등과의 관계가 어떠한 것이었는지는 자료가 부족해서 거의 알 수가 없다. 다만 관직과 관등과의 관계는 신라나 고구려의 경우 1 관직에 복수의 관등이 대응되는 1 관직 복수관등체계라는 사실에 근거하여 짐작할 수 있을 뿐이다. 그래서 백제에서도 시간이 흐르고 관직체제가 정체됨에 따라 어떤 관직에 출사하는 관등이 복수였을 가능성이 크다고 생각된다.

사료에 보이는 백제의 관직명을 간단히 정리해 보면 다음과 같다. 먼저 장사(長史)는 22부 장의 명칭이었다. 자료에 따라 장사(長史)·장리(長吏)·재관장(宰官長) 등으로 표기되고 있다. 이 관직은 3년마다 교대를 원칙으로 하는 임기제였다. 22부 장으로서의 장사의 직을 맡은 자들은 좌평이나 달솔의 관등을 소지한 귀족들이었을 것으로 추측된다.

좌장(左將)은 병마권을 관장하는 관직으로 고이왕 7년(240)에 처음 설치되었다. 좌장은 고이왕이 종래 유력귀족이 소유했던 독자적인 군사권을 해체하여 왕권 아래로 군사권을 일원화하면서 이를 효율적으로 통제하기 위해 설치한 것으로 보인다. 후에 군사권이 군정권과 군령권으로 나뉘어짐에 따라 좌장은 왕명을 받아 군령권을 행사했던 것으로 생각된다.

박사(博士)는 백제의 전문교육을 담당하던 관직이다. 박사에 대한 최초의 기록은 근초고왕대에 박사 고흥이 『서기』(書記)를 편찬하였다는 데서 찾을 수 있다. 이 박사들은 유교경전을 교육하는 자와 전문기술을 가진 자로 나눌 수 있다. 유교경전의 교육을 담당한 경우 오경박사(五經博士)·역(易)박사·모시(毛詩)박사 등으로 불리웠고 전문기술직을 담당한 경우는 기술의 종류에 따라 와(瓦)박사·역(曆)박사·노반(露盤)박사 등으로 호칭하였다.

왕(王)·후(候)가 문헌상에서 처음 보이는 것은 개로왕대의 좌현왕(左賢王)과 우현왕(右賢王)부터이다. 그러나 일본의 석상신궁에 보존된 칠지도에 후왕(候王)이 보이고, 그 제작연대를 근초고왕대로 비정하는 경우도 있다. 따라서 왕·후제의 실시 시기를 근초고왕대까지 올려잡는 견해도 제시되었다. 왕·후의 존재에 주목하여 백제왕은 왕중의 왕인 대왕으로의 격상을 의미하는 것이고, 왕·후의 명칭 가운데 좌현왕·우현왕은 흉노에서 사용된 직명으로 해석하는 주장도 나와 있다. 이같은 흉노식 직명이 백제에서 사용된 것은 백제왕실의 북방적 성격을 시사해 주는 것이 아닐까 하는 견해는 얼핏 설득력이 보인다. 그러나 이는 중국과의 대외관계에 사용된 의례적인 것으로서 실제로 백제에서 왕·후·태수제를 실시하였는가에 대해서는 회의적이다. 이 왕·후호는 대중관계에서 나타나며, 개로왕대까지는 주로 왕족에게 주었다. 그러나 웅진천도 이후에는 왕족 이외에 다수의 이성(異姓) 귀족들에게도 왕·후의 칭호를 부여하였다. 이는 웅진천도 이후 신진세력들이 대거 중앙귀족으로 흡수시켜 정치운영의 중추적 역할을 하게 한 결과로 풀이할 수 있다.

이러한 왕·후호에는 좌현왕·우현왕 외에 면중왕(面中王)·아차왕

(阿錯王)·불사후(弗斯侯)·불중후(弗中侯)에서 처럼 지명과 연관된 이름도 있다. 지명과 연관된 왕·후호는 담로제와 관련하여 생각해 볼 수도 있으나 이는 일종의 대중관계에서 사용된 의례적인 작제(爵制)로 이해되어야 할 것이다.

장사(長史)·참군(參軍)·사마(司馬)는 중국의 경우 왕의 막부(幕府)에서 막료로서 기능을 하였다. 백제의 경우도 이 관직들은 중국의 예로 미루어 왕의 막하에서 외교관계나 군사관계의 업무 등에서 참모의 역할을 하였던 것으로 보인다. 이 가운데 장사의 직을 가진 자들은 중국을 상대로 한 외교사절로 빈번히 활동하고 있다.

부마(駙馬)는 왕의 사위를 말하는데, 부마도위(駙馬都尉)는 왕의 사위를 예우하기 위해 만든 관직이다. 따라서 이 기사는 백제에 부무제가 있었음을 알려준다. 개로왕대에 북위에 파견한 사신의 한 사람인 여례(餘禮)가 부마도위로 나타나는 것이 유일한 예이다. 부마인 여례의 성도 여씨(餘氏)였음을 미루어 볼 때, 당시 왕실에서 동성혼이 행해졌음을 유추할 수 있다.

대사(臺使)는 『송서』(宋書) 백제전에 비유왕이 송에 보낸 사신의 하나로 나온다. 중국에서의 대는 조정금성(朝廷禁省)을 말하고, 이 대에서 파견한 사자를 대사라고 하였다. 중국에서의 용법을 원용한다면 대사는 백제 조정의 사신이라고 할 것이다.

이와 같이 백제 관련 사료에 나오는 관직의 명칭에 대해 정리해 보았다. 그러나 관련 사료의 부족으로 그 전모에 대해 대체적인 윤곽만 제시했을 뿐 구체적으로 파악하기가 어려웠다.

3. 지배세력의 변화와 귀족회의체

고대 국가의 정치운영은 지배세력의 동향과 긴밀한 관련을 맺고 있다. 백제 한성시대의 지배세력으로는 왕족 부여씨를 비롯하여 부여계통의 해씨(解氏)와 북부의 진씨(眞氏), 동부의 흘씨(屹氏), 서부의 회씨(茴氏), 낙랑계통의 고씨(高氏) 등이 있었다.

앞서 살펴본 것처럼, 고이왕이 초고계의 사반왕(沙伴王)을 폐위시키고 즉위함으로써 왕위는 직계에서 방계로 넘어가게 되었다. 그러나 고이계의 책계왕(責稽王)과 분서왕(汾西王)이 중국 군헌에 의해 피살된 것을 계기로 초고계의 비류왕(比流王)이 즉위하게 되었다. 그후 근초고왕(近肖古王)이 즉위함으로써 초고계의 왕위 계승권이 확립되었다.

비류왕·근초고왕대에 초고계의 왕위 계승권이 확립된 데에 크게 기여한 세력은 진씨 세력이다. 북부에 세력기반을 가지고 있던 진씨 세력은 비류왕의 즉위에 공로를 세웠다. 또한 진씨 세력은 근초고왕이 즉위하는데도 공로를 세워 진정(眞淨)은 조정좌평(朝廷佐平)으로서 권세를 누렸다. 이와 같이 진씨 세력이 아신왕대에 이르기까지 5대에 걸쳐 왕비를 배출하게 되었음으로, 백제 한성시대 지배세력을 이야기할 때 부여씨 왕족과 진씨 왕비족 중심의 정치운영이 이루어졌다고 말할 수 있다.

5대에 걸쳐서 왕비를 배출하였던 진씨 세력에 변화를 가져온 것은 전지왕(腆支王)의 즉위를 둘러싼 왕위계승 분쟁이었다. 당시 태자 전지는 왜에 군사 원조를 요청하기 위해 인질로 파견되어 있었다. 이때 아신왕(阿莘王)이 죽자 지배세력들은 왕의 동생 혈례(碟禮)를 지지하는 파와 태자 전지를 지지하는 파로 나뉘어졌다. 혈례 지지파는 진씨 세력이 중심이었고, 전지 지지파는 일부 왕족과 해씨 세력이 중심이었다. 양 세력의 대결에서 전지를 지지한 세력이 승리함으로써 전지가 즉위하게 되었다. 그 결과 실권 귀족은 진씨에서 해씨로 교체되었다.

해씨 세력은 전지왕의 비를 배출하였고, 또 전지왕 4년(408)에 상좌평을 설치하여 군국정사를 전단하게 되었다. 이리하여 왕권은 한동안 위축되어 실권 귀족중심의 정치운영이 이루어지게 되었다.

백제가 중앙집권적 국가체제를 갖추었을지라도 정치운영에서는 귀족들의 회의체에 의한 합좌제적 성격이 일정기간 유지된 것으로 보인다. 백제의 귀족회의체는 좌평회의체(佐平會議體)라고 할 수 있다. 초기의 좌평회의체는 좌평을 중심으로 구성된 회의체였을 것이다. 좌평회의체의 성립 시기는 좌평이 설치된 고이왕대로 볼 수 있다. 이후 근초고왕대에 중앙집권적 국가체제 정비와 더불어 왕권이 확립되면서 귀족회의체의 위상과 역할도 변화하게 되었다. 좌평의 독자성보다는 왕에 대한 신속적(臣屬的) 성격이 보다 강한 신하로 전환하게 된 것이다.

그러나 시간이 흐르면서 좌평회의체의 참여자는 확대되었을 것이다. 전지왕대에 와서 6좌평 외에 상좌평이 설치되어 좌평이 더욱 분화되었고, 이 가운데 상좌평이 수석좌평의 기능을 수행하였던 것으로 보인다.

이렇게 좌평이 분화되면서 중요한 국사의 결정에 좌평을 비롯한 최고위 귀족계층의 대신들의 의견이 반영되었을 것이다. 대신의 존재는 〈광개토왕릉비문〉에 백제왕이 광개토대왕에게 대신과 장사를 인질로 보낸 것에서 확인할 수 있다. 그런데 백제는 한성시대 말기에서 웅진도읍기의 초기를 거치면서, 정치가 매우 불안정하고 왕권이 미약해졌다. 병관좌평 해구(解仇)가 문주왕을 죽이고 군국정사를 전단하다가 반란을 일으킨 것은 그 때문이었다. 웅진도읍기의 정치적 혼란은 동성왕~무령왕대를 거치면서 점차 극복되었고, 이같은 정치안정을 발판으로 성왕은 사비천도를 단행하였다.

사비천도를 계기로 성왕은 16관등제와 22부제 등의 관제를 정비하고 왕권을 강화하여 나갔다. 성왕이 추진한 이같은 관제정비와 왕권강화책은 정치운영에도 영향을 주었다. 종래의 좌평회의체와 더불어 왕명을 봉행하는 22부를 중심으로 정치가 운영되었을 것으로 보인다. 그러나 성왕이 한강하류 지역의 영유를 둘러싸고 신라를 공격하던 중 관산성 전투에서 대패하여 왕과 다수의 측근 세력들이 전사하게 되었다. 이후 위덕왕대에는 국가운영의 실권을 신라와의 전쟁을 반대하였던 귀족들이 잡게 되었다. 이 시기에 실권 귀족들은 대성팔족(大姓八族)으로 불리우는 대귀족가문의 출신들이었다. 이로써 왕권은 크게 제약되었다.

이와 같이 실권 귀족들에 의해 제약되었던 왕권은 무왕과 의자왕대를 거치면서 점차 강화되었다. 무왕이 익산으로의 천도를 계획한 후 거대한 미륵사를 건립하면서 전륜성왕(轉輪聖王)을 자처한 것이나, 의자왕이 즉위 초에 친위정변을 일으켜 실권을 지닌 귀족들을 추방한 것은 바로 왕권강화를 위한 조처들이라고 할 수 있다. 그러나 의자왕은 재위 16년 이후 방탕한 생활에 빠지면서 좌평 성충을 투옥하는 한편 왕의 서자 41명을 좌평에 임명하는 등 좌평직을 남발하였다. 이에 따라 대좌평과 같은 비상위직도 만들어짐에 따라 좌평회의체의 지위도 유명무실하게 된 것으로 보인다.

최고 귀족회의체로서의 좌평회의체는 중요한 국사를 논의하였다. 예를 들면 귀족회의의 의장을 선출한다든지, 왕위의 계승문제 또는 전쟁의 선포와 같은 사항들은 좌평회의체에서 이루어졌을 것이다. 이는 화백회의로 알려진 신라의 대신회의체가 중요한 국사를 논의 결정한 것과 비슷한 형태였을 것이다. 백제에서 국가운영과 관련한 정무를 집행하고 논의할 때의 정청은 남당(南堂)이었다. 남당은 원래 원시집회소에서 유래한 것이지만 국가체제가 정비되면서 정청으로서의 기능을 지니게 되었다. 고이왕이 정장을 하고 "남당에 앉아서 정사를 살폈다"고 한 것은 남당이 바로 정청이었음을 알려준다.

그러나 귀족회의체에서 중대한 국사의 논의는 특별히 신성한 장소에서 이루어졌다. 이러한 실상을 보여주는 것이 "국가에서 재상을 정할 때 뽑아야 할 사람의 이름을 3, 4명을 적어 상자에 봉해 바위 위에 두었다가 얼마 후 꺼내 보아 인적(印跡)이 있는 자를 재상으로 삼았다"고 하는 정사암(政事嚴) 고사이다. 이 고사는 재상의 선출 등과 같은 중대한 국사를 호암사(虎巖寺)의 정사암에서 논의하였다는 것이고, 여기가 바

무왕이 익산천
도를 계획하며
창건한 것으로
보이는 미륵사
터 서탑

로 신성한 장소였음을 보여준다.

　한성시대의 신성한 장소가 어디였는지는 분명하지 않다. 이와 관련하
여 주목되는 땅은 부아악(負兒岳)이다. 오늘날 서울의 삼각산으로 비정
되는 부아악은 온조세력이 남하하여 왕도를 정할 때 올라가 사방을 둘
러 보았다는 곳이다. 그런데 이 부아악＝삼각산을 김정호는 『대동지지』
(大東地志)에서 횡악(橫岳)으로 파악한 바 있다.

　『삼국사기』에 의하면 횡악은 왕들이 전렵을 행한 장소이며, 여름에 크게 가물자 왕이 친히 기우제를 지낸 곳으로 나온다. 고대사회에서 전렵은 단순한 사냥이 아니라 군사훈련의 의미도 지니고 있었다. 이와 동시에 사냥에서 얻은 희생물로 산천에 제사를 지내는 제의 장소라는 의미가 부여되었다. 또 농업이 중요한 경제기반이었던 당시 사회에서 풍요를 기원하기 위해 기우제를 지내는 곳도 특별한 장소라고 할 수 있다. 따라서 전렵과 기우제가 이루어진 부아악(횡악)은 바로 백제 한성시기의 신성지역이었다고 할 수 있다.

웅진도읍기에 와서 귀족회의체가 열린 신성한 장소가 어디인지에 대해서는 분명하지 않다. 그러나 동성왕대에 전렵지로서 빈번히 나오는 웅진북원(熊津北原)이나 사비원(泗沘原) 등은 아마도 이 시기의 신성한 장소였을 것이다. 사비시대의 경우는 앞에서 언급한 호암사 외에 일산(日山)·부산(浮山)·오산(吳山) 등의 3산이 주목된다. 3산은 신라의 경우 대사(大祀)가 행해진 곳이었다. 따라서 백제의 3산도 신성한 장소로서의 기능을 지녔던 것으로 보인다.

이같이 백제가 한성시대에서 사비시대에 이르기까지 중요한 국사를 신성한 장소에서 논의하고 결정한 것은 그 결과에 신성성을 부여하여 구속력을 가지도록 하기 위해서였을 것으로 보인다. 그러나 귀족회의체의 권위는 왕권의 부침과 반작용하였으며, 결국 왕권과의 유기적인 관계 속에서 운영되었다고 할 수 있다.

4. 왕도의 조직

백제의 왕도는 시기에 따라 몇 차례 변화하였다. 시조 온조가 처음 도읍한 곳은 하북위례성(河北慰禮城)으로서, 오늘날 중량천 일대에 비정되고 있다. 이후 백제는 낙랑과 말갈의 공격을 효과적으로 방어하기 위해 하남위례성으로 도성을 옮겼다. 하남위례성의 위치에 대해서는 몽촌토성과 풍납토성 일대로 비정하는 것이 일반적이다. 백제가 하북위례성에서 하남위례성으로 도읍을 옮긴 시기에 대해서는 온조왕대로 보고자 한다.

하남위례성으로 도읍을 옮긴 이후 백제는 왕도조직을 점차 갖추게 되었다. 왕도 한성 내에는 왕성(王城)이 있었는데, 이 왕성은 북성(北城)과 남성(南城)으로 구분되었다. 기록을 보면 두 개의 성 가운데 규모가 큰 것은 북쪽에 있는 대성이었다. 남성에도 왕이 거처하였기 때문에 왕성이라고 불리웠다. 북성은 풍납토성, 남성은 몽촌토성에 비정되고 있다. 최근 풍납토성이 발굴·조사되면서 축조시점을 3세기를 전후한 시점으로 비정하거나, 2세기 전반~3세기 중반 이전의 어느 시점으로 보기도 한다. 어떻든 풍납토성이 몽촌토성보다 먼저 축조되었을 것이라는 방향으로 논지가 진행되고 있다.

서울특별시 송파구에 위치한 풍납토성은 북서쪽으로 한강을 끼고 약간 동쪽으로 치우친 남북 장타원형의 평지토성(平地土城)이다. 지형적으로 풍납토성의 서북쪽에 한강이 흐르고 있다. 그리고 동쪽의 평야와

2004년 풍납토성에서 출토된 우물과 토기

얕은 구릉 끝으로 이성산과 검단
산 등의 높은 산이 첩첩히 가로막
힌 높은 산으로 이어졌다. 서쪽은
평야지대가 펼쳐진 가운데 서해로 이른다. 남쪽으로는 몽촌토성 등 남
한산의 잔구를 제외하면 방이동·가락동을 거쳐 지금의 성남에 이르기
까지 드넓은 평야지대가 펼쳐져 있어 도성의 입지조건을 제대로 갖추
었다고 할 수 있다. 풍납토성은 대체로 남북으로 긴 장방형으로서 북벽
이 약 300m, 동벽이 100m, 남벽이 200m에 이른다. 서벽은 1925년 을
축년 대홍수 때 유실되어 서북벽이 250m쯤 남았다. 현재 남은 성벽 안

쪽의 약 3만6천 평을 포함한 토성의 면적은 총 26만 평 정도에 이를 것으로 추정된다. 토성의 외곽에는 성벽을 방어할 목적의 해자(垓字)가 존재하였던 흔적이 보인다. 발굴결과 이 풍납토성 내에서는 동진에서 만든 종묘제기인 청동제초두 등이 출토되었다. 그리고 목조 기와집의 흔적도 확인되었다.

풍납토성은 둘레 3.5km로서, 둘레 2.3km인 몽촌토성에 비해 훨씬 규모가 크다. 더욱이 풍납토성은 하천가에 입지한 평지성으로서 많은 인구가 거주할 수 있는 여건을 갖추었다. 이에 비해 몽촌토성은 표고 45m의 자연구릉으로서 성곽 내부 전역에 걸쳐 많은 인구가 살기에는 취수(取水) 등 많은 문제점을 안고 있다. 실제 고구려나 신라의 도성도 모두 하천변의 평지에 입지하고 있다. 고대 도성의 경우 특별한 경우를 제외하고는 하천변의 평지에 입지해야 도성민의 취수(取水) 문제를 해결할 수 있었다.

몽촌토성은 길이가 2,285m이고, 면적은 외성을 합칠 경우 9천3백 평에 이른다. 토성의 형태는 자연구릉으로 방벽을 삼고, 일부는 판축법(版築法)으로 벽을 쌓았다. 외성에는 목책을 설치하였고 방호시설로서 해자를 둘렀다. 또 지대가 높은 곳에는 망루를 설치하였다. 그러나 왕궁터 등은 확인되지 않았다. 남성으로 비정되는 몽촌토성은 표고 45m의 잔구(殘丘)상에 자리를 잡아 하천가 평지에 위치한 풍납토성보다 군사방어적인 기능은 뛰어나다. 몽촌토성은 양재천이나 탄천방향에서 북진하는 적군을 동시에 방어할 수 있는 천혜의 요새지였던 것으로 보인

몽촌토성에서 출토된 돌절구와 어망추·방추자 등의 용구(서울대학교 박물관)

다. 고구려가 한성을 함락한 뒤 남성과 북성을 활용하였던 것으로 미루어 백제시기에도 북성이 평상시의 거성(居城)이었고, 남성(南城)은 군사적인 성격이 강한 방어성으로 상정할 수 있다.

역사기록에 남겨진 단편적인 편린을 모아 한성의 풍격을 재구성할 수도 있다. 이를테면, 한성은 왕궁과 별궁이 함께 보이는 왕도였다. 그리고 동명을 모신 동명묘(東明廟)와 천지에 제사지내는 남단(南壇)이 있었다. 또한 정청(政廳)으로서 남당(南堂)과 여러 관부 이웃에는 왕과 귀족들이 활쏘기 연습을 하는 사대(射臺)도 갖추었다. 4세기 말엽에는 궁궐 안에 연못도 들어섰다. 관청 가운데 몇몇 관부의 부속 건물은 성 안에 위치하였을 것이다. 그리고 왕궁을 비롯한 건물들은 기와집이었다.

왕성 바깥에는 백성의 가옥이 상당수 존재하였을 것이다. 중국 거민

웅진시대 도성이었던 공주 공산성 내 유구 전경(국립공주박물관)

성(居民城)들의 평균 둘레가 15km에 달하는데 반해 백제의 북성은 3.5 km에 불과할만큼 규모가 작았다. 그러나 성 안에 민가를 보호하기 위하여 사성(蛇城) 동족~숭산(崇山) 북쪽 구간에 제방을 축조하였을 가능성도 보인다. 암사동토성(岩寺洞土城)·삼성동토성(三成洞土城)·귀산토성(龜山土城) 등을 쌓아 한강의 범람에서 오는 홍수의 피해를 방지하였다. 이들 토성은 한강을 타고 침략해 오는 적군으로부터 왕성을 방어하는 구실도 하였다.

초기 백제의 영역은 100리 정도였다는 기록이 보인다. 『주서』가 말하는 동서 길이 450리, 남북이 900리와 비교하면 아주 작다. 그래서 백제가 처음 한강 유역에 정착하여 출발한 땅은 오늘날 서울 지역 정도였던 것으로 보인다.

웅진도읍기의 왕성인 웅진성은 오늘날 공산성(公山城)이다. 토성과 석성으로 구분되는 현재의 공산성의 총길이는 2,660m이다. 공산성 발굴 결과를 근거로 하면, 토성은 약 750m가 남아 있다. 이는 백제시대에 축조한 것이고, 약 1,900m에 이르는 석성은 조선 초기에 개축한 것이라고 한다. 이 공산성 안에는 『삼국사기』 동성왕 22년(500)에 축조한 것으로 기록한 임류각지(臨流閣址)가 있다. 현재 남은 초석의 배열에 의해 6칸×5칸의 건물이었음을 밝혀냈다. 이 외에 금강에 연하는 연지(蓮池)를 만들었고, 근래에는 왕궁지로 추정되는 건물지가 확인되었다. 이 왕성을 둘러싼 왕도의 범위는 분명하지 않고, 나성을 지었던 흔적도 보이지 않는다. 이외에 왕도 내에는 대통사(大通寺) 등 사찰도 조영되었다.

사비시대의 왕도는 오늘날 부여이다. 백제가 웅진에서 사비로 천도한 것은 성왕 16년(538)이었다. 이 천도는 성왕에 의해 계획적으로 이루어졌다. 계획적인 천도였기 때문에 사비도성은 왕성·관아의 축조, 시가지의 정비 등 수도로서의 면모를 보다 잘 갖추었던 것으로 보인다. 사비시대의 도성은 부소산성(扶蘇山城)과 연결되는 나성으로 둘러싸여 있다. 왕궁은 부소산성 밑의 옛 박물관 자리에 있었던 것으로 추정된다. 이 나성 안의 시가지는 5부로 조직되었다. 즉 사비시대의 왕도는 왕성과 이 왕성을 둘러싼 나성으로 이루어졌던 것이다. 사비도성 안에는 부소산성(扶蘇山城)이 있다. 발굴 결과에 의하면 부소산성은 두개의 테뫼형[山頂式] 산성과 하나의 포곡형(包谷形) 산성으로 이루어진 복합식 산

사비시대 왕궁지
로 추정되는 부
여 관북리 유적

성이었다. 전체의 길이는 2,200m이고, 성내의 넓이는 약 7만 평이다. 성내에 망루지(望樓址)가 발굴되었는데, 이는 웅진지방에서 강을 따라 내려올지 모를 적을 감시하기 위한 시설로 보인다.

　부소산성을 외곽으로 둘러싸고 나성이 축조되었다. 나성에 대한 연구 성과에 따르면 나성은 사비성의 동문지에서 동쪽으로 뻗은 능선을 따라서 청산성(青山城)까지 연결되었다. 이 청산성 남쪽에는 월망지가 있었다. 청산성의 북문지에서 나성은 남향하여 석목리(石木里)—동문지

백제시대 행정관서로 추정되는 부여 구아리 유적(국립부여박물관)

(東門址)—필서봉(筆書峰)—군들고개의 능선을 따라 옥배지(玉盃池)로 연결되었다. 이 나성의 전면에는 궁남지(官南池)가 자리했는데, 청마산성(靑馬山城)으로부터 흘러 들어온 물이 일단 궁남지에 모였다가 백마강으로 흘러가게 설계되었다. 서쪽 나성은 사비성 서문지의 오부지점에서 현 유스호스텔—관북리(官北里)—구교리(舊校里)—유수지(留水池)—동남리(東南里)—군수리(軍守里)—성말리(城末里)를 잇는다.

나성의 둘레는 약 8km이고, 나성 안의 면적은 343만4천 평에 달한다. 이 나성 안은 5부 25항으로 편제되었다. 왕이 거처하는 궁궐, 태자가 거처하는 태자궁, 시조를 모신 시조묘(始祖廟), 천지에 제사를 드리는 제단(祭壇)이 모두 나성 안에 있었다. 그리고 귀족들이 정사를 논의하는 정청으로서의 남당(南堂), 22부의 관청, 궁남지를 비롯한 각종 인공 못과 방장선산(方丈仙山)을 모방한 섬들과 함께 화원 등을 갖춘 화려한 도성이었다. 또 경치가 좋은 곳에는 망해정(望海亭)을 비롯한 각종 누대가 설치되었고, 정림사지(定林寺址)나 군수리사지(軍守里寺址)에서 보이는 것처럼 많은 사찰이 들어섰다. 도시부의 존재에서 알 수 있듯이 시장도 설치되었을 것으로 보인다.

이렇듯 백제의 사비도읍지는 도성다운 체제를 모두 갖추었다. 뒤쪽 산자락에는 부소산성을 쌓고 앞에는 왕궁을 배치하였다. 그 전면에 도성의 시전(市廛)과 주거지들을 두고, 나성을 더 둘렀다. 백제의 성곽은 크게 도성과 지방의 주요한 성으로 나눌 수 있다. 왕의 거처인 왕성과 이 왕성을 둘러싼 나성으로 이루어진 도성은 정치·경제·문화·행정의 중심지로서 기능하였다.

사비시대 나성 안의 도성은 상부·전부·중부·하부·후부의 5부(部)로 조직되었다. 이 5부는 각각 5항(巷)으로 나누어졌다. 5부 25항제의 실시는 시가지 조직이 방리제(坊里制)로 이루어진 것을 말해 주는 것이다. 도성 내에는 1만 가구가 거주하였는데, 이들을 크게 사(士)와 서(庶)로 나눌 수 있다. 사는 관인을 배출하는 지배신분층을 말하며, 서는 일반민을 지칭하는 것이다. 도성 내에는 관인이 거주하는 지역과 일반민이 거주하는 지역이 구분되었을 것으로 보인다.

이 수도 5부에는 각각 5백 명의 군대가 주둔했고, 달솔의 관등을 가진 자가 장에 임명되어 군대를 통솔하였다. 따라서 이 부는 수도를 방어하고 경찰업무를 관장하는 일종의 군사 구역적 성격도 지니고 있었다고 할 수 있다. 이러한 사비시기의 도성 모습에서 100년 전 한성시기를 떠올리면 크게 다르지는 않았을 것이다. 다만 사비시기 왕도의 행정구획인 5부가 한성시대 초기에는 왕도의 행정구획인 아닌 지방의 행정구획으로서 기능하였을 뿐이다.

그러나 백제의 영역 확장 과정에서 한성을 중심으로 하는 지역의 왕도 행정구획의 골격은 사비시기 왕도에서도 얼마만큼은 보인다. 북성(北城)과 남성(南城)으로 구성된 한성시기 백제 도성의 골격이 사비시기 도성에서는 5부(部) 25항(巷)제로 바뀌는 가운데 유지되었던 것이다. 다만 백마강 안쪽과 부소산자락을 중심으로 한 사비도성의 지리적 여건 때문에 고구려와 신라의 조방제(條坊制)·방리제(坊里制)처럼 정연한 도시구획을 실현하기는 어려웠을 것이다.

5. 군사제도의 정비

백제가 처음 자리잡은 한강 유역은 지리적 환경에서 볼 때 동북지방과 서북지방의 문화가 접촉하는 중심지이자, 인구 이동의 통로이기도 하였다. 그리고 북으로는 중국 군현과 고구려세력, 동으로는 말갈로 표현되는 동예세력, 남으로는 신라세력들에 둘러싸인 형국이어서 군사적 충돌이 빈번하였다.

백제 초기에는 한강상류를 타고 내려오는 약탈경제적인 말갈세력과 한반도 내에서의 통일적 구심력을 방해하려는 중국 군현세력과의 대결이 자주 일어났다. 이후 중국 군현세력이 한반도에서 축출되었지만, 경계를 마주한 고구려와의 싸움도 매우 잦아졌다. 그리고 신라가 진한지역을 통합하여 세력을 신장시킴에 따라 삼국 사이에는 서로의 이해관계에 따라 대립과 화호가 교차되었다.

삼국간의 관계는 기본적으로 한반도를 둘러싼 동아시아 상황의 변화와 각국의 정세 변화에 따라 연합과 대결의 양상을 되풀이하였던 것이다. 다만 웅진도읍기까지는 고구려의 강력한 힘에 대항하기 위해 백제는 신라와 군사동맹을 맺고 고구려의 남진에 대처하는 양상을 보였다.

백제와 신라와의 군사동맹은 웅진천도 이후에도 계속되었다. 이같은 토대 위에서 성왕은 신라·가야군과 연합하여 고구려를 쳐서 빼앗긴 한강하류 지역을 일시 회복하였다. 그러나 한강상류 지역을 차지한 신라가 백제를 배반하여 백제가 점령한 한강하류 지역마저 차지하게 되자 이에 분개한 성왕은 신라를 공격하였다. 그러나 관산성 전투에서 백제는 왕을 비롯한 3만 명에 가까운 군사가 전사하는 대패배를 당하였다. 이로써 오랫동안 지속되어 온 백제와 신라 사이에 맺어진 동맹은 깨지고, 이후 삼국간의 관계는 이합과 집산을 되풀이하게 된다.

삼국간의 전쟁은 삼국의 국가체제가 중앙집권화되고 영역이 넓어짐에 따라 전쟁 규모도 차츰 커지게 되었다. 그래서 삼국의 군사제도도 보다 조직화되고 전쟁을 수행하는 방식도 변화하였다. 백제가 소국단계에 있을 때는 군사활동이나 조직이 아직 소규모적이고 비체계적이었다. 그리고 초기에는 왕이 직접 군대를 이끌고 전쟁에 나가는 경우가 많았으나, 점차 왕권이 안정되고 강화되면서 장수를 보내어 전쟁을 수행하는 형태로 바뀌게 되었다.

국가체제가 정비되면서 군사관계의 업무는 좌보나 우보가 담당하였다. 그러나 이 단계에서는 아직까지 군사권과 일반 행정권이 구분되지 않아 좌보와 우보가 군사업무와 일반 정사를 총괄하는 형태였다. 또 연맹을 구성한 각 소국의 수장들은 소국과 관련되는 사항은 군사권을 일정하게 유지하여 중앙의 통제력은 그만큼 제약되었다. 그러나 고이왕대에 와서 왕권이 보다 강화되는 과정에서 좌평과 좌장이 설치된다. 좌평은 종래의 좌보와 우보를 통합하여 만든 관제였다. 좌평은 정사를 총괄했고, 좌장은 군사업무를 총괄하였다. 좌평과 좌장의 설치로 일반 정사와 군사관계 업무가 점차 분화되어 갔다. 특히 좌장의 설치는 각 지역에 기반을 두었던 귀족들의 군사권을 약화시켜 왕의 일원적인 군사권 장악을 부추겼다.

그런데 군사업무는 크게 군정권과 군령권으로 구성된다. 군령권은 출동부대를 지휘하는 권한으로 왕명을 받은 자가 출정시에 행사하였다. 이 군령권에는 왕의 재가없이 상벌을 행할 수 있는 편의종사권(便宜從事權)이 부여되었다. 한편 군정권은 군사동원과 군량조달 · 축성 · 군사훈련 업무의 보조 등을 그 내용으로 하였다.

처음 좌장이 설치되었을 때는 군사업무는 분화되지 않았다. 그러나 이후 병관좌평이 설치되면서 군정업무와 군령업무를 나누어 행사하였다. 군령권은 주로 좌장이 행사하였으나, 때로는 왕명을 받은 고위 귀족에게도 돌아갔다. 군정업무는 병관좌평이 관장한 것 같다. 좌장이 군령업무를 관장하였다는 것은 좌장이 병마사를 위임받았다는 데서 알 수 있다. 그리고 병관좌평의 군정업무 관장은 병관좌평 해구(解丘)가 축성의 감독자로 활동한 데서 확인할 수 있다.

군사권 행사의 구체적인 형태는 군대를 동원하여 전쟁을 수행하는 과정에서 드러난다. 군대를 동원하여 전쟁에 나가는 방법은 크게 친솔(親帥)과 견병(遣兵)으로 나눌 수 있다. 친솔은 왕이 직접 전쟁에 나가 군사를 지휘하는 것이다. 『삼국사기』 백제본기를 통해 친솔의 사례는 웅진으로 천도하기까지 12차례에 걸쳐 나온다. 이 가운데 고이왕 이전까지의 상황은 온조대에 6차례와 구수왕대에 1차례 등 모두 7차례나 되어 전체의 약 2/3를 차지한다. 이는 군사권이 미분화된 상태의 일면을 보여주는 것이다.

견병은 왕이 장군에게 명령을 내려 군사를 지휘하게 하는 것이다. 이 견병의 경우 웅진천도 이전까지 모두 44건의 사례가 나오는데, 이 가운데 온조왕 때는 2차례에 불과하다. 이처럼 대외전쟁을 수행하는 형태가 친솔에서 견병으로 바뀐데는 왕의 군사권 장악과도 일정한 연관성이 있는 것으로 보인다. 군사권의 실질적인 행사는 왕명을 받아 군부대를 거느린 장수들의 지휘에 따라 이루어졌다. 군부대를 거느리고 출동하는 지휘관들은 좌평이나 좌장과 같은 관직명으로 나오는 경우와 함께 달솔 등 관등의 표기와 장군 따위의 명칭을 쓰기도 하였다.

　이들은 대개 군지휘관이기 때문에 전장에서는 일반적으로 장군으로 불렀다. 이 장군의 칭호는 왕명을 받아 부대를 거느리고 출정할 때 쓴 것이다. 그러나 장군의 구체적인 명칭은 『삼국사기』에는 아무런 언급이 없다. 다만 『남제서』(南齊書) 백제전에 보이는 관군(冠軍)장군·정로(征虜)장군·용양(龍驤)장군·삭녕(寧朔)장군·건위(建衛)장군 등의 칭호는 중국의 진(晉)나라나 송(宋)나라의 장군 칭호를 사용한 작위적(爵位的) 성격이 강한 것으로 볼 수 있다.

　군사권이 왕에게 집중되는 가운데 일원화되면서, 군사권의 행사도 정치적 상황에 따라 양태를 달리하게 되었다. 이는 왕이 직접 군사권을 행사하지 않고, 신하에게 위임하는 경우였다. 군사권 행사는 위정사(委政事)·위병마사(委兵馬事)·위군국정사(委軍國政事)로 나눌 수 있다.

　위정사는 근구수왕이 왕의 장인인 진고도(眞高道)를 내신좌평으로 삼아 정사를 위임한 것이 유일한 예이다. 민정(民政)과 군정(軍政)을 구분하여 민정을 진고도에게 맡긴 것이다. 근구수왕은 태자시절에 군지휘관으로서 중요한 역할을 하였거니와, 즉위 후에도 친히 군대를 거느리고 고구려 공격을 단행하였다. 그는 군사활동을 효율적으로 수행하기 위해 일반 국정은 내신좌평 진고도에게 위임한 것으로 보인다.

　일반정사는 왕이 처리하고 대외전투를 중심으로 한 군사관계는 신하에게 맡기는 것이 위병마사이다. 이와 비슷한 용어로서 겸지내외병마사(兼知內外兵馬使)가 있다. 이때 겸지(兼知)는 다른 관직을 가지고 군사관계의 업무를 겸임하여 주관한 것으로 보인다. 따라서 위병마사는 겸지병마사보다 높은 특정인의 군사권 운용에 관하는 제도이다. 군사권을 위임한 예로서는 고이왕이 진충(眞忠)을 좌장으로 삼은 뒤 내외병마사(內外兵馬使)를 위임한 것이 처음이다. 이후 군사권을 위임받은 자의 직은 대개가 좌장이었다. 따라서 고이왕 이후의 군사권은 왕에게서 위임받은 좌장을 중심으로 운용되었다고 할 수 있다.

위군국정사는 군사권과 민정권을 모두 위임한 것을 말한다. 이 위군국정사의 경우는 두 사례가 있다. 하나의 사례는 전지왕의 즉위를 둘러싸고, 지배세력 사이에는 갈등과 대립이 있었다. 이 과정에서 전지왕을 옹립하는데 중추적인 역할을 한 왕족의 일부와 해씨 세력은 자기들 권력기반을 확대하기 위해 최고의 좌평으로서 상좌평을 설치하였다. 이러한 상황에서 전지왕은 상좌평 여신(餘信)에게 군국정사를 위임한 것이다. 이는 전지왕의 정치적 입지가 매우 미약하였음을 반영하는 것으로 풀이할 수 있다.

두 번째 사례는 삼근왕이 즉위하여 병관좌평 해구(解仇)에게 군국정사를 맡긴 것이다. 개로왕이 고구려군에 잡혀 죽고 왕도 한성이 함락되자 문주왕은 웅진으로 천도하여 나라의 명맥을 이었다. 웅진천도 후 해구는 문주왕 2년(476)에 병관좌평에 임명되었다. 그는 뜻밖의 천도로 말미암아 정치적 혼란이 심한 당시의 상황에서 병관좌평이라는 지위를 이용하여 권세를 마음대로 휘둘렀다. 그리고 문주왕을 살해하고 어린 삼근왕을 옹립한 후 군국정사 일체를 위임받았다. 이로 미루어 모든 군국정사를 특정 개인에게 맡긴다는 것은 일상적인 일은 아니었다. 특정 개인의 실권 장악은 왕권이 매우 미약한 위기상황에서나 가능했던 것이다. 백제의 군사조직은 중앙 군사조직과 지방 군사조직으로 나눌 수 있다. 중앙의 군사조직으로는 먼저 수도 5부(部)에 배치된 부대들을 꼽을 수 있다. 이 5부의 부대에는 각각 5백 명의 군사가 배치되어 달솔의 관등을 가진 자가 지휘하였다. 따라서 왕도 5부는 군관구로서의 성격을 지녔다고 할 수 있다.

왕도 5부에 배치된 부대들은 수도의 방위와 경찰의 임무를 담당한 것으로 보인다. 왕도의 부대들은 훈련의 한 방법으로 왕이 수시로 열병(閱兵)을 하였다. 한성시대의 열병은 한수(漢水)의 서쪽 또는 남쪽이나, 석천(石川)에서 이루어졌다. 또 왕은 도성내에 사대(射臺)를 만들어 스스로 활쏘기를 하거나 도성 사람들을 모아 활쏘는 것을 익히도록 하였고, 때때로 군사들도 활쏘기를 익히게 하였다. 또 때로는 군사들의 습사(習射)같은 훈련을 참관하는 경우도 있었다. 이러한 군사훈련은 전렵(田獵) 행사에서도 이루어졌다. 전렵은 단순한 사냥이 아니라 천지에 제사지내는 제의적 성격도 지니면서 군사를 조련하는 의미가 내포되어 있었다.

지방에 주둔한 군사조직으로는 5방의 방성(方城)에 배치된 부대를 들 수 있다. 『한원』(翰苑) 백제조에 의하면 5방의 방성은 석축으로 이루어졌고, 여기에는 7백~1천2백 명의 군사가 배치되었다고 기록하였다. 이 군대를 지휘하는 자는 방의 장관인 방령(方領)이었다. 이 방령은 달솔

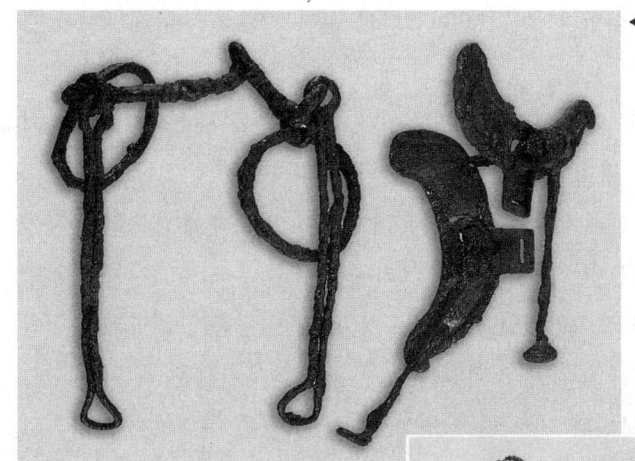

◀ 논산 모촌리 : 공
주 송산리유적에
서 출토된 재갈
(국립공주박물관)

▶ 익산 입점리에서 출
토된 재갈·등자·행
엽(국립전주박물관)

의 관등을 지닌 자가 맡았다. 방성 외에 군의 치소인 군성(郡城)에도 군
부대가 배치되었던 것으로 보인다.

이러한 부대들의 군사작전과 방어작전은 거점성을 중심으로 이루어
졌다. 거점성은 5방의 중심지인 방성이나, 군의 중심지인 군성 및 현에

해당하는 성들이었다. 이러한 거점성의 군사들은 파견된 지방관이 관할하였다. 방의 장관인 방령, 군의 장관인 군장(郡將), 현의 장관인 도사(성주)가 바로 군지휘관이었던 것이다. 이는 곧 군사조직과 지방통치 조직이 하나의 체제로 이루어진 것을 의미한다.

중앙과 지방에 배치된 군부대 가운데 핵심적인 부대에 배속된 군사들은 상비병이었을 가능성이 크다. 그러나 대다수 부대의 군사들은 일반민을 동원하여 충원하였던 것 같다. 정(丁)의 연령층에 해당되는 일반민은 모두 군역의무가 부과되었는데, 이들의 복무기간은 3년이 원칙이었던 것으로 보인다. 군사들은 평상시에는 지정된 부대에서 복무하였지만, 유사시에는 전국적으로 모병되어 부대를 편성한 후 출동했을 것이다. 아신왕이 고구려를 치기 위해 크게 병마를 징발하였다든가, 근초고왕이 3만의 군대를 불러모아 고구려의 평양성을 공격하였다고 한 것은 이러한 군사동원을 짐작케 하는 대목이다.

이렇게 동원된 군사들의 군사편제는 기본적으로 육군과 수군이었다. 육군은 다시 기병과 보병으로 나누었다. 그리고 실제 전투에서는 보병부대와 기병부대가 합동으로 작전에 나서기도 하였다. 수군의 경우 구체적으로는 백제 멸망기에 나·당군에 대항하기 위한 백제부흥군과 왜군의 연합작전에서 그 면모를 짐작할 수 있다.

군사의 무장은 보병과 기병이라는 병종(兵種)에 따라 달랐다. 보병의 주무기는 궁시·도검·창·도끼 등이었는데, 이는 무덤에서 출토되는 무기류에서 짐작할 수 있다. 그리고 "백제의 풍속에서는 기사(騎射)를 중히 여긴다"고 한 기록으로 미루어 기병도 중요시 되었음을 알 수 있다. 이들은 말을 타고 갑옷으로 무장하였던 것으로 보인다.

백제 지방통치체제의 발전

국가의 존재 기능은 한 영역을 형성하는 데에 필요한 울타리 역할을 하는 것이다. 『설문해자』에는 '국(國)'을 '방(方)'이라 했고, 국(國)자 안에 든 '혹(或)'은 '역(域)'과 같은 뜻으로 방(邦)을 의미한다고 풀이하였다. 옛날에는 '역(域)'과 '국(國)'이 통용되고, 방(邦)은 '봉(封)'과 같이 쓰였다. 봉(封)과 역(域)은 다같이 일정한 둘레 속에 들어간 영역을 가리킨다. 그래서 국가란 우선 형태상으로 볼 때 일정한 자기 지배 또는 소유를 확실히 하는 경계가 그어지고, 지켜져야 한다는 의미이다.

이는 오늘날 말하는 국가의 3요소 가운데 하나인 영토이다. 영토가 존재할 때 국민은 그 속에 몸을 담고 모든 활동을 전개할 수 있다. 그러므로 국가 기능 가운데 우선되어야 할 일은 영토를 보유하고, 이를 안정적으로 유지하는 것이었다. 이에 따른 지방통치제도의 마련은 국가의 존재기능 가운데 중요한 요소라고 할 수 있다.

특히 삼국이 대치한 상황에서 지방에 대한 효율적인 통제는 국가의 생존과 발전을 좌우하는 중대한 문제였다. 백제사에서 5부제(5部制)→

담로제(檐魯制)→5방체제(5方體制)로의 전환은 간접지배에서 직접지배로, 부분적 지방지배에서 전국을 단위로 한 일원적인 지방통치로의 발전과정을 의미한다.

1. 5부제의 실행

신라의 박혁거세 건국신화에는 '말이 큰 알을 낳고 사라져서 이를 가져다 놓았더니 알에서 사람이 태어났다'는 이야기가 나온다. 이때 6부의 사람들이 알에서 나온 인물을 임금으로 뽑았다는 것이다. 고구려사에도 계루부(桂婁部)·절노부(絶奴部)·순노부(順奴部)·환노부(灌奴部)·소노부(消奴部) 등 토착적인 면이 강한 5부가 있었다. 한국고대사에서 부(部)의 의미는 역사의 전개과정에서 다양한 형태를 띠고 있다.

백제사에서도 여러 시기에 걸쳐 '부(部)'의 모습이 보인다. 그렇다면 백제사에서 부란 어떤 기능을 하였는가. 이를 살펴보는 것은 백제의 영역변천과 지방통치의 과정을 알아보는 방법이기도 하다. 백제 초기 지방통치의 성격을 지닌 '부'의 실제적 기능과 성격을 파악하는 것은 백제 국가의 성장 과정을 밝히는 또 하나의 잣대이기 때문이다. 백제의 '부'에 대한 자세한 기록을 남기고 있는 것은 중국의 역사책『주서』(周書)이다. 중국 역사서에서 '백제의 왕도(王都)는 5부로 구성되었다'라는 기록을 남겨 '부'가 왕도의 행정구획이었음을 알려준다. 그러나『삼국사기』백제본기 초기기록에 보이는 '부'는 왕도의 행정구분이 아니었다. 즉『삼국사기』백제본기 초기기록에 나오는 부는 '왕도의 행정구획' 이기보다는 지방통치를 위한 편제방식으로서의 성격을 갖는다. 그러나 이는 중앙에서 구획된 지방통치구획이면서도 또한 나름의 독자적인 기반을 유지하고 있었다.

백제에서 부(部)를 만든 이유 가운데 하나는 말갈(靺鞨)과 낙랑(樂浪)이라고 하는 외부세력의 압력에 효과적으로 대처하기 위한 것이었다. 그렇다면 말갈(靺鞨)은 어떤 세력을 말하는가. 우선 말갈하면, 고구려와 함께 발해를 세운 종족으로 기억하고 있다. 그러나 우리 역사책은 물론 중국의 역사책에 보이는 말갈의 모습은 다양하다.

일반적으로 말갈은 중국 선진시대(先秦時代)에는 '숙신(肅愼)'으로, 위·촉·오 삼국시대에는 '읍루(挹婁)'로, 북위(北魏)시대에는 '물길(勿吉)', 수(隋)와 당(唐)나라 때에는 '말갈(靺鞨)'이라고 불렀던 고아시아족(Paleo-Asiatics) 계통이다. 지금의 중국 동북 3성(省)을 말하는 만주 지역에 거주했던 종족이었다. 그러나『삼국사기』초기기록에 등장하는 말갈은 이와는 다른 성격의 세력으로 보인다.『삼국사기』초기기록에 나오는 말갈의 거주지는 분명 중국 지역이 아니다. 따라서 중국사에 등장하는 집단과 구분하여 이를 별개의 존재로 보아 가짜 말갈이라는 뜻에서 '위말갈(僞靺鞨)'로 파악하는 경향도 있다. 이들을 함경도·강원도 지역의 예(濊)·동예(東濊)·예맥(濊貊) 등으로 이해한 것이다. 또한 우리나라 역사책에 보이는 초기의 말갈은 고구려가 변경의 피지배 주민에 대한 비칭(卑稱)으로 불렀던 것으로 이해되기도 했다.

그렇다면 '부'가 성립할 무렵 말갈이 어떠한 영향력을 미쳤는지를 살펴볼 필요가 있다. 『삼국사기』 백제본기에서 백제와 말갈과의 관계기사는 온조왕 2년(기원전 17년)에서 고이왕 25년(258년)까지 사이에 집중적으로 나와 모두 22개의 기록이 보인다.

온조왕 2년 봄 정월에 왕이 여러 신하에게 "말갈이 우리 북쪽 국경에 붙어 있는데 그 곳 사람들은 용기가 있으면서 거짓이 많으니 우리는 병기를 수선하고 곡식을 저축하여 방비할 계책을 세워야 한다"는 기록이 보인다. 이러한 걱정은 실제상황으로 나타났다. 온조왕 8년(기원전 11년) 봄 2월에 말갈적병 3천 명이 침입하여 위례성을 포위했던 것이다. 왕은 성문을 닫고 나가지 않은 채 수비태세로 일관하였다. 열흘이 지나자 적들의 군량이 떨어져 돌아가려 하자, 온조왕은 정예한 군대를 뽑아 추격했다. 대부현에 이르러 공격을 감행하여 그들을 죽이고 사로잡은 자가 5백여 명이었다.

온조왕 10년(기원전 9년)과 18년(1년)에도 말갈이 공격해 왔다. 18년에는 칠중하에서 싸워 말갈의 추장인 소모를 사로 잡기도 했다. 온조왕 22년(4년) 9월에는 왕이 기병 1천 명을 거느리고 부현(釜峴) 동쪽에서 사냥을 하다가 말갈적병을 만나 이를 격파하고, 붙잡은 포로들을 장사들에게 나누어 주었다.

이와 같이 말갈은 백제의 북쪽 변경을 중심으로 계속 침입해 왔다. 백제와 말갈의 접전지였던 대부현·부현·칠중하 지역은 지금의 평강과 파주군 적성 부근의 임진강이다. 평강 지역은 철원·금화 등과 함께 철원분지를 이루는 곡창지대로 하나의 생활권을 이루는 지역이었다. 위의 사료들을 검토해 보면, 철원분지를 둘러싼 일정 지역이 말갈세력의 생활권이었음을 추측할 수 있다.

고려·조선시대의 교통로는 의정부→포천/개성/한양→철원→금화→회령→안변→철령으로 이어지는 자연적 교통로(Natural route)가 주로 이용되었다. 따라서 말갈의 백제 침입로는 추가령 지구대보다는 평강→금화→철원→포천으로 이어지는 통로를 주로 이용하여 백제의 북경지대에 집중되었던 것이다. 따라서 백제 초기에 보이는 말갈은 6세기 중엽 신라의 한강 유역 점령 이후에 고구려가 동원한 군사력인 말갈과는 다른 세력이었다.

이러한 입장에서 백제 초기의 말갈이란 주변의 낯선 세력들을 지칭한 것이 아닌가 한다. 또한 이들 말갈의 구체적인 세력 근거지는 철원분지를 둘러싼 일정 지역이었을 것이다. 이와 같이 백제의 북쪽 변경을 중심으로 한 말갈의 군사행동은 성장기에 들어선 백제에게는 위협의 존재였다.

또한 말갈과 함께 백제 초기 동북 지역에서 백제를 압력한 또 다른 세력은 낙랑(樂浪)이었다. 온조왕은 재위 4년(기원전 15년) 가을 8월 낙랑에 사신을 보내어 우호관계를 맺는다. 그러나 온조왕 8년(기원전 11년) 가을 7월에 마수성을 수축하고, 병산에 목책을 세우는 것을 계기로 우호관계에 금이 가게 된다. 낙랑태수는 사자를 보내 말하였다.

지난날 서로 우호관계를 맺어 한 집안과 같이 생각했는데, 이제 우리의 영역에 접근하여 성책을 세우니 혹시 우리 땅을 잠식하려는 모의가 있는 것인가? 만일 옛날의 우호를 변치 않으려거든 성을 허물고 목책을 뜯어 벼려서 즉시 억측과 의심을 없게 하라! 만약 그렇게 하지 않는다면 한바탕 싸워서 승부를 낼 것이다.

온조왕은 이에 "만일 당신이 강한 것을 믿고 군사를 발동한다면 우리나라도 역시 이에 대응할 뿐이다"라고 강경하게 대처하여 낙랑과 적대적인 관계로 돌아선다. 이를 계기로 낙랑은 온조왕 11년(기원전 8년)과 17년(기원전 2년)에 침입해 왔다.

백제 초기에 나오는 낙랑을 한사군의 낙랑과 연관지어 '백제의 동쪽에 낙랑이 있었다'라는 기록이 잘못된 것으로 이해되기도 하였다. 그러나 낙랑은 분명히 백제 동북방에 자리한 세력이었다. 이는 온조왕 11년 7월에 '독산(禿山)과 구천(拘川) 두 곳에 목책을 설치하여 낙랑으로부터 오는 길을 차단하였다'는 기록이라든가, 온조왕 18년 11월에 '왕이 낙랑의 우두산성을 습격하려고 구곡(臼谷)까지 갔다'라는 기록 등에서 입증된다. 특히 『삼국사기』 신라본기 남해왕 원년 7월조에 '낙랑 군사가 와서 몇 겹으로 금성을 에워 싸다'는 기록에서는 낙랑이 신라의 북쪽이고, 백제의 동북방에 위치한 세력임을 알 수 있다.

따라서 말갈이란 명칭이 실체를 달리해 『삼국사기』에 등장하는 것처럼 낙랑의 실체 역시 다양한 관점에서 보아야 할 것이다. 우리가 알고 있는 낙랑만도 중국 한나라가 설치했다는 한사군 가운데 하나인 낙랑

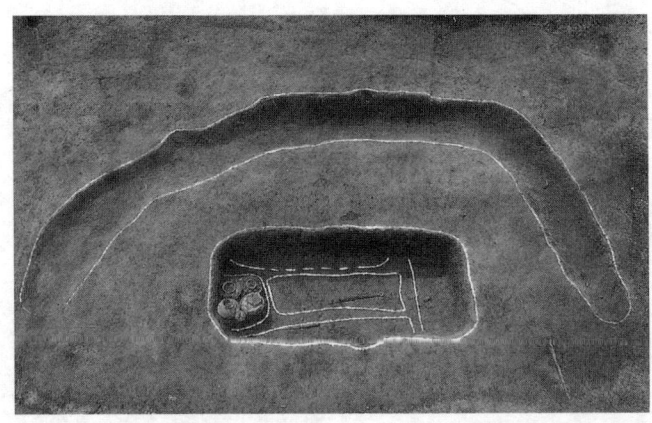

과 호동왕자와 낙랑공주 이야기로 유명한 최리(崔理)의 낙랑국 등 여러 세력들이 낙랑이라고 칭했기 때문이다.

어떻든 백제 국가 발전기에 동북방에 자리했던 낙랑은 위협적인 존재가 아닐 수 없었다. 그래서 백제에게 낙랑이나 말갈은 다 같은 적대세력으로서 파악되었다. 따라서 한성으로 수도를 옮긴 배경에는 이들로부터의 위협에서 벗어나려는 의도도 깔려 있었던 것이다.

백제가 국가 형성 과정에서 만난 또 다른 중요 세력은 마한이었다. 그러나 백제와 마한은 우호적인 관계였다. 마한왕은 낙랑과 말갈이라는 적대세력을 차단하기 위해 온조세력의 한강 유역 정착을 양해하였다. 백제도 마한이 인정하는 가운데 세력을 확장시키며 낙랑과 말갈세력을 견제할 수 있었던 것이다. 그러나 백제는 곧 낙랑·말갈과의 잦은 전투에서 축적한 군사력의 성장을 바탕으로 마한을 정벌하기에 이른다. 백제는 마한 지역을 병합한 후 백성들을 기존의 세력기반으로부터 유리시키기 위해 사민(徙民) 조치를 취한다.

백제 국가의 지배력은 정복한 마한 지역에 성을 쌓거나, 백성들을 이주시키는 실질적 통제방식을 취하였다. 마한을 차지한 백제는 이들 주민을 연합 내지 흡수·통합하는 방식으로 일종의 지방통제를 실시했던 것이다. 백제의 '부제(部制)'는 이같은 배경을 근간으로 성립되었다고 할 수 있다. 이를테면 낙랑·말갈 등 여러 외부세력의 압력 속에 새롭게 편입된 마한 지역을 제대로 통치하기 위해 이루어진 지방통치 방식이 바로 '부'를 성립시킨 계기가 되었다.

부의 성립과 관련해 온조왕 31년과 33년의 기록에는 '국내의 민호를 나누어 남북부를 삼았다'와 '동서의 2부를 더 두었다'는 기사가 나온다. 이 때 문제가 되는 것이 '국(國)'의 범위이다. 사전적 의미로서의 국은 소국(小國)·제후의 국·도읍·성중·교(郊)의 이내(以內)·고향·지방을 나타낸다. 그런데 『삼국사기』 백제본기 가운데 나타난 '국'의 용례를 살펴보면, 국의 범위는 성중(城中) 또는 도읍보다는 좀 더 넓은 지역을 가리키고 있다. 그래서 4부의 설치범위는 곧 지방이었다. 백제 초기의 부는 왕도를 중심으로 하여 전국을 방위별로 지역구분한 지방통치구획의 단위였다. 고구려나 백제에서 부의 성립은 각자 발흥 지역 내 유력세력을 중심으로 중앙권력과의 타협에 따라 이루어졌다는 점에서는 성격을 같이 한다. 그래서 고구려와 부여의 5부제를 상기하면, 백제에서도 중앙과 함께 5부로 구성되었을 것이다.

백제 초기의 5부제는 온조왕 31년과 33년에 순차적으로 이루어지고 있다. 대외적으로는 낙랑·말갈 등 여러 외부세력의 압력에 대한 방어를 위해 북부를 설치하였고, 대내적으로는 마한세력의 편입으로 확대된 영역에 대한 통제력 강화를 위해 남부를 설치하였던 것이다.

백제는 남·북부를 먼저 설치한 뒤 군사·행정적인 요인 및 지방통제의 균형적 발전을 위해 동·서부를 더 두게 되었다. 온조왕 33년 봄과 여름에 일어난 자연재해와 이에 따른 사회적 불안은 지방통제의 필요성을 더욱 부추겼을 것이다. 부를 설치한 백제 국가는 이를 단위로 부의 병력을 동원하여 외부세력과의 전투에 효율적으로 대처하였다. 그리고 실제 부역 동원을 위한 행정단위로서의 기능을 수행하고 있었다.

백제사에서 부제의 실행은 과도기적 국가체의 양상이 아니라, 이미 국가단계에 나타난 발전양상이었다. 백제의 경우 초기 연맹적 성격의 부체제가 중앙집권 단계의 상대적 개념으로 설정된 것으로 보기는 어렵다. 이는 국가의 발전과정에서 그 규모나 중앙집권력 정도에서 차이가 발견되는 통치체제의 한 양상으로 이해되어야 할 것이다. 따라서 이러한 5부제에 대한 성격이 밝혀질 때 백제 국가의 초기 모습이 구체적으로 다가올 수 있다.

백제 국가의 발전과정에서 지방지배체제의 초보적 양상인 5부제는 바로 백제 국가가 지방에 관심을 어떻게 표출하고, 이를 중앙으로 응집시켜 나가려 했는가를 보여주는 것이다. 백제 초기의 5부제는 지방통치 구획이었음에도 불구하고, 국가 지배력의 한계 때문에 자체 내의 자율적인 질서가 나름대로 존재하였다. 그리고 중앙국가권력은 일단 그 질서를 인정·이용하여 지방을 통제할 수 있었던 것이다.

이는 곧 부를 대표한 세력들이 지방의 실질적인 규제자로서 영향력을 행사했고, 중앙국가권력은 이들을 통한 간접지배 방식을 취하였음을 의미하는 것이다. 백제의 '부'는 연맹적 성격의 '부체제'와는 그 양상을 달리하는 것은 물론이다. 초기기록에서부터 이른바 '족제적 또는 부족적' 성격이 약한 방위부가 지녔던 지방통치제도로서의 특징이 일찍부터 나타났다. 따라서 삼국의 발전과정에서 집권국가의 전단계로서의 연맹적 성격의 부체제를 똑같이 설정하는 것은 문제가 있다. 백제 초기의 부는 국가의 성립을 기반으로 중앙이 지방을 어떻게 통치해 나갔느냐는 통치체제로서의 모습을 보여주고 있기 때문이다.

2. 담로제의 실시

담로(檐魯)란 무엇인가. 백제의 담로가 중국과 일본에도 설치되었는가. 최근들어 부쩍 관심이 집중되었던 백제사의 한 문제이기도 하다.

중국사서 『양서』(梁書)에 백제의 지방통치제도로 나오는 담로에 대한 논의는 분분하다. 담로의 실체를 밝히려는 노력에서 그 이해의 폭을 넓힐 수는 있었으나, 아직 많은 점에서 합의점을 찾지 못하였다. 이는 『양서』 열전 백제조에 보이는 담로 관계 사료가 너무도 단편적이기 때문이다.

치성(治城)을 고마(固麻)라 하고 읍(邑)을 담로(檐魯)라 하니 중국의 군현(郡縣)과 같다. 그 나라에 22개의 담로가 있으니 모두 자제와 종족으로서 나누어 거처하게 하였다.

중국인의 눈에 비친 담로는 군현과 같은 것이었다. 지방통치를 위한 제도라는 것을 알 수 있다. 담로제는 앞서 살펴본 지방통치조직으로서의 성격을 지니기는 했으나 기능이 미약했던 초기 5부제가 발전한 양상이었던 것이다. 또한 22개의 담로는 5방(方)체제 아래서 보이는 37군(郡)으로 발전하는 과정의 단계로 파악되기도 한다. 따라서 백제 초기 5부제에서 사비시대의 5방체제로 넘어가는 과도기로서의 담로제가 제대로 해명되어야하는 것은 물론이다.

왕권으로 상징되는 백제 중앙국가권력은 '부제'의 성립으로 독자적인 세력기반을 지닌 지방세력의 존재를 인정하였다. 그리고 이들에게 관직을 주어 국가의 지배질서체제 내로 흡수하게 되었다. 이들 세력을 재편·통합함으로써 지방에 대한 국가지배력의 침투를 도모하였다.

그러나 '5부제'는 기존의 독자적 세력기반을 지닌 재지세력을 통한 지방지배였기 때문에 중앙통치력의 지방 침투란 점에서 한계가 있었다. 이에 백제 국가는 중앙의 통치력을 직접적으로 지방에 시행·관철할 지방통치체제의 편성을 지향하게 되었던 것이다.

그런데 삼국 지방통치의 실제적인 기본단위는 성(城)이었다. 여기서 성은 유사시에 머물러 난을 피하는 기능을 가진 단순한 방어시설물의 명칭만을 말하는 것이 아니었다. 방위를 위해 시설물로 쌓은 주성(主城)의 촌락을 포함하는 일정의 공간을 지칭하는 것이다.

『삼국사기』 백제본기에도 인력을 동원한 역역(力役)과 관련한 기록 가운데 성을 쌓는 기록이 약 30여 개나 보인다. 성을 쌓는다는 것은 단순한 방어시설의 조성만을 의미하는 것이 아니라 다수의 인원을 동원한 국력의 집중현상을 보이기 때문에 왕권의 신장을 뜻하는 것이기도 하였다.

그런데 『광개토왕릉비문』 가운데 영락 6년(396년)의 기록에는 고구려가 백제를 공벌하여 58성(城)과 700촌(村)을 획득한 내용이 나온다. 고구려 영락 6년은 백제 아신왕 5년에 해당한다. 『삼국사기』 백제본기에서는 392년에서 395년 사이에 계속된 고구려의 백제 침입기록을 확인할 수 있다. 그래서 광개토대왕이 직접 군사를 이끌고 침입한 영락 6년조의 기사는 영락 원년에서 5년까지 백제를 공격는 동안에 빼앗은 성의 숫자를 한꺼번에 적은 것으로 보인다. 또한 이때 고구려가 빼앗은 58성(城)과 700촌(村)은 한강 이북 지역으로 보인다. 이들 성과 촌이 한강 이남에도 존재했을 터여서, 백제 전역에는 실제 더 많은 수의 성이 있었을 것이다. 이 기사에 보이는 성·촌은 기본적으로 고구려의 지방통치조직과 관련되었다. 그러나 광개토대왕이 정복한 이 지역이 원래는 백제 지역이었고, 또 고구려가 이 지역을 정복한 후에도 백제의 지방통치체제를 계승한 것으로 보인다.

이 기록에 보이는 촌(村)이란 취락의 의미로서 최하위의 지방자치단

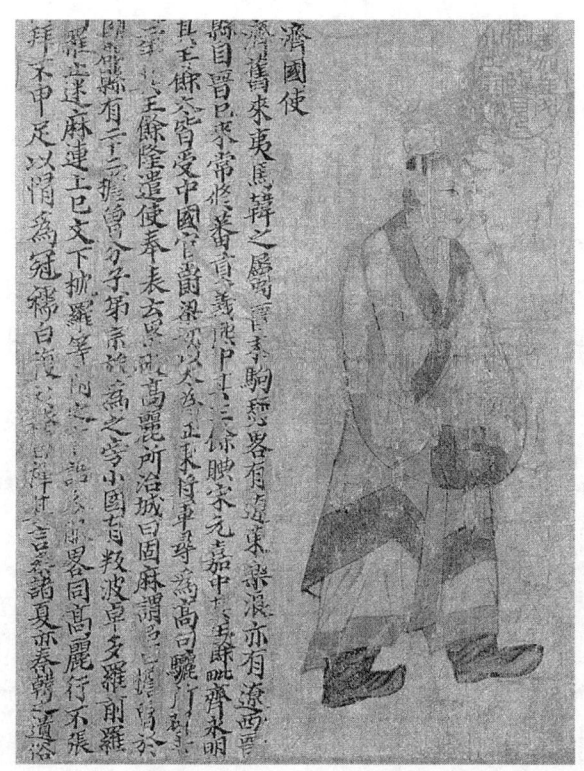

『양직공도』에 나타
난 백제 사신으로
보아 백제와 양나
라 사이에 긴밀한
교류가 있었고, 이
러한 내용이 『양
서』에 반영된 것으
로 보인다.

체이고, 더구나 촌락보다는 넓은 뜻을 가지고 있다. 성과 촌락의 관계
를 보면 촌은 성 밖에서 농업 등의 생산활동에 종사하는 일반 백성들의
취락을 가리킨다. 이렇게 산재한 여러 성들은 영역의 확대와 함께 증가
하였을 것이고, 이를 통제하기 위해서는 기존의 간접지배 방식인 부제
보다는 체계적인 통제방식을 필요로 했을 것으로 추정된다. 삼국이 항

쟁하던 시기에 성(城)은 단순한 군부의 징수기관이 아니었다. 그래서 성을 통해 하나의 군사거점으로서의 기능을 기대했을 것이다. 이에 따라 여러 성이 흩어진 상태로는 이같은 기대가 충족되기 곤란했기 때문에 체계적인 통제가 절실하게 필요하였다.

그래서 국경 및 군사와 정치의 요충지에 새로운 성을 쌓았다. 이는 단순한 요새의 건설이 아닌 군사·행정적인 기능을 효율적으로 수행할 지방통치 단위로서의 역할을 다 하는 지배공간이기도 하였다. 이같은 요충지에의 축성은 여러 성으로 분산된 군사역량을 통합·조직하기 위한 조치였다.

이러한 배경 아래서 담로 관계 사료를 더욱 주목할 필요가 있다. 『양서』에서 담로의 성격을 중국의 군현과 같은 것으로 파악하고 있는데, 중국의 군현이란 군과 현을 뜻하는 것으로 지방행정구역을 말한다. 진시황이 중국을 통일하고서 봉건제를 폐지하고 군현을 두었는데, 이는 군현제의 시작으로 군이 현을 통치한 제도였다. 이러한 중국인의 눈에 비친 백제의 지방통치제도가 담로였던 것이다. 더욱이 22개의 담로에 의한 지배체제에는 자제나 종족이 파견되었다. 따라서 종전에 시행했던 5부제보다 국가 지배력의 침투가 더욱 용이하게 되었다.

그러면 담로제는 언제 시행되었는가. 그 성립시기에 대해서는 여러 견해가 있다. 백제 건국 초기나 근초고왕대에 처음 제도화되어 웅진시대까지 시행된 것으로 파악하였다. 또 무령왕대 비로소 담로제가 시작되었다는 견해도 제시되었다. 그런데 문제는 담로제가 중국 역사책인

『양서』와 『양직공도』에만 보이고, 『삼국사기』 등 우리 문헌에는 관련 기록이 보이지 않는다는 것이다. 그러나 담로제를 실시한 이유와 담로제의 양상 및 성격 등을 파악하는 일은 백제의 지방통치체제의 실상을 밝히는 잣대가 될 수 있다.

당시 백제에서 왕의 자제와 종족들은 지방통치의 중요한 역할을 담당하였을 뿐만 아니라, 중앙정치에도 깊숙이 파고 들어 주요 관직을 독점하였다. 따라서 왕의 자제와 종족을 통한 지방통제가 가능할 수밖에 없었다. 때로는 자신이 파견된 지역을 세력기반화하여 반란을 일으켜 중앙통제력의 미숙성을 드러내기도 하였다. 이같이 담로제는 기존의 간접지배 형식이었던 5부제의 보완책으로 시행된 것이다. 이를테면 뿔뿔이 흩어진 여러 성을 거점지배로 묶기 위한 정책이었다.

담로는 본래 백제어의 다라 · 드르의 음역(音譯)으로서, '읍(邑)' · '읍성(邑城)' · '성읍(城邑)'을 뜻한다. 그래서 담로제에 따라 여러 성을 지배하는 주성(主城)을 두어 중앙에서 지방관을 파견하였다. 여러 성을 지배하는 주성(主城)에 대해 중앙에서 지방관적 성격의 자제와 종족을 파견함으로써, 백제 국가는 지방통치체제를 서둘러 정비하게 되었다. 이를 바탕으로 대외전쟁에 나서 영역도 점차 확장시킬 수 있었다. 기존의 5부제를 통한 간접 지배 방식으로는 대규모 전쟁을 치르기가 어려웠을 것이다. 백제의 중앙국가권력은 담로제의 실시로 국가내부의 통합도를 보다 제고시키는 가운데 축적한 발전 잠재력을 통해 영역확장을 도모하였던 것이다.

근초고왕 26(369)년 왕이 태자와 함께 정병 3만을 거느리고 고구려를 침입한 사실에서도 알 수 있다. 이때 근초고왕은 몸소 태자와 함께 정병 3만 명을 이끌고 고구려 평양성까지 진격하여 고국원왕을 전사시키는 전과를 올렸다.

이러한 전쟁수행 능력을 갖추기까지는 지방지배체제 정비에서 비롯된 인적·물적자원의 원활한 통제가 크게 뒷받침되었을 것이다. 또한 근초고왕은 전쟁에서 고도의 적응력을 지닌 관리기능을 제공받았을 뿐 아니라, 전국으로부터 획득한 인적·물적자원을 토대로 중앙국가권력을 강화시킬 수 있었다. 이와 더불어 백제 국왕은 군사력을 독점함으로써 권력을 한층 강화시켰다. 백제는 전라도 방면뿐 아니라 경상도 지역으로의 진출을 끊임없이 시도하였다. 그래서 근초고왕 20년(A.D. 365)에는 전남 해안에 도달하는 과정에서 낙동강 중·하류의 가야 지역 일부를 세력권 아래에 두게 되었다.

이같이 백제의 낙동강 유역으로의 세력 확대는 담로제 같은 보다 효율적인 지방통제 방식이 실효를 거두었기 때문에 이루어질 수 있었다. 담로제가 근초고왕대를 전후하여 자리잡은 것으로 보아야 할 까닭도 이 때문이다.

또한 22개의 담로가 시행된 지역은 백제 영역에 한정하여 생각해야 할 것이다. 담로제가 왕의 자제와 종족을 파견한 직접 지배의 양태를 띤 담로제였기 때문에 일시적인 진출 지역은 제외되었을 것이다. 그리고 근초고왕시기에 이 제도가 성립되었을 것으로 추정한다면, 시행 지

백제 횡혈식 석실분의 전개과정과 관련되어 주목되는 원주 법천리 4호 횡혈식 석실묘

역도 전라도 이남을 내려오지 않았을 것으로 보인다.

더러는 담로제를 왕·후·태수제(王·侯·太守制)와 관련하여 말하기도 한다. 이러한 논리 때문에 담로가 중국에도 있었다는 식의 이야기가 나오기도 하였다. 그래서 담로와 관련해 개로왕과 동성왕대에 집중적으로 이루어진 왕·후호(王·侯號)의 사여에 관한 내용을 살펴볼 필요가 있다.

개로왕과 동성왕대에 실시된 왕·후호의 사여는 실질적으로 시행된 작위적인 분봉은 아니었다. 중국과의 외교에서 백제왕의 권위를 높이기 위해 내린 형식적이고 의례적인 것으로 보인다. 이유는 첫째 왕·후호가 사여되는 대상 지역이 '면중왕(面中王)' '도한왕(都漢王)' 등 한정적이라는 점이다. 그리고 표기방식에서 태수계(太守系) 지명인 '서하(西河)' '광양(廣陽)' '낙랑(樂浪)' 등도 주로 중국계라는 점이다. 마지막으로 고구려·일본 등이 중국 남조(南朝)에서 받은 작호는 거의 수작자(受爵者)의 요구에 따라 준 의례적이고 편의적이었다는 점을 꼽을 수 있다. 따라서 백제에서의 왕·후·태수제는 실질적으로 시행이 어려웠다고 보아야 할 것이다.

그러나 왕·후·태수제의 실시 여부를 떠나 조서에 등장하는 인물들의 분석은 담로제의 시행과 관련하여 이야기 할 수 있는 부분이다. 개로왕 4년(458) 이래 중국 송(宋)나라에 상표문을 보내 제수를 요청한 인물은 모두 왕족이다. 이 가운데 여기(餘紀)·여곤(餘昆)·여군(餘軍)·여도(餘都)·여예(餘乂)·여작(餘爵)·여유(餘流)·여과(餘累) 등 모두 8명이 여씨(餘氏) 성을 가진 인물이다. 개로왕 18년(472)에 사서(私署)한 인물 중에도 여례(餘禮)가 보인다.

이때의 여씨는 왕족인 부여(夫餘)씨를 말한다. 중국사서에서는 두자로 이루어진 백제 인명에 대해서 앞의 한글자만을 취하여 성(姓)으로 명칭하고 있다. 가령 개로왕의 이름 경사(慶司)를 여경(餘慶)으로, 성왕의 이름 명농(明禮)을 여명(餘明)으로 성씨와 이름을 합쳐 표기했던 것이다. 따라서 왕·후호의 사여가 왕족을 중심으로 제수되었던 사실이 보인다. 또한 이들이 중국 지역에 실제 파견되었다기 보다는 형식적인 작위를 제수하였다는 것을 알 수 있다.

자제와 종족이 정치의 중심에 있었던 당시 사회상황의 특성은 지방통치에도 반영되었을 것이다. 이들은 왕권과 연결되어 중앙과 지방의 중요 거점을 기반으로 활동하였다. 이는 지방의 통제를 강화시키기 위한 담로제와 연결되었다. 490년인 동성왕 12년에 왕·후호를 제수 받은 4명 가운데 3명이 왕족이었다. 이어 495년에는 사법명(沙法名)·찬수류(贊首流)·해례곤(解禮昆)·목간나(木干那) 등 4인이 제수받았으나, 여씨는 1명도 보이지 않는다. 이러한 현상은 왕족이 빠진 다양한 정치세력들을 중앙질서체계 속으로 끌어들였기 때문인 것으로 풀이된다.

　어떻든 왕·후·태수제를 실제적인 지방통치 방식으로 생각했다기보다는 밖으로는 중국에 대한 외교의 수단으로 활용하였으며, 안으로는 귀족에 대한 통제력을 강화하기 위한 의례적인 조처로 실시된 것 같다. 이는 지방통치제도인 담로제의 운영과 궤를 같이 하는 것이었다. 이처럼 백제 중앙권력은 담로제의 실시로 국가 내부의 통합도를 보다 제고시켰다. 또 영역확장과 대외전쟁의 원활한 수행과 지방세력의 재편 및 통제를 위해 담로제를 더욱 확대시켰다. 그러나 담로제 역시 완전한 군현제적 통제가 아닌 주요 성(城)을 중심으로 한 거점지배 방식이어서 취약성을 내포하고 있었다. 특히 계속된 영역확장 과정에서 확대된 지역에 지방관의 성격을 띤 자제와 종족을 파견하였으나 부작용도 뒤따랐다. 이들은 그 지역을 세력기반으로 삼아 반란을 시도하는 등 중앙집권력의 한계를 노출시켰던 것이다.

　이밖에 전통적인 토착기반이 강한 지역이나, 직접지배의 효율성이 떨어지는 지역에는 여전히 간접지배 형식을 취하였다. 이는 '문주왕 2년 (476년) 4월에 탐라국이 방물을 바치니 왕이 기뻐하여 사자를 은솔(恩率)로 임명하였다' 라는 『삼국사기』 기록에서 살펴볼 수 있다. 공납물의 헌상을 통한 복속의례와 이에 대한 백제 국왕의 은솔사여는 담로제 실시와는 다른 성격을 갖는다. 간접 또는 의례적인 지배복속 관계를 보여주는 것이다.

몽촌토성에서 출토된 서진(西晉)의 전문도기편(錢文陶器片)은 백제 초기부터 중국과 활발한 교류를 입증하는 유물이다. 그리고 다른 여러 지역에서 동진(東晉)시대의 청자들이 출토되었다. 이들 유물은 중앙에서 들여와 지방세력을 회유하고, 또 통제하기 위해 내렸던 일종의 사여품(賜與品)으로 보인다. 4세기 전반에서 중반에 걸친 시기에 백제 중앙세력은 외국에서 수입한 희귀품들을 지방세력에게 내려보내 자기세력으로 끌어안으려 했던 것이다. 이는 백제의 군사력이 북방이나 남방에 집중되어 틈이 생겼을 때 들이닥칠 침입에 대비할 목적이었다. 지방제도나 지방관의 파견이 아직 이루어지지 않은 지역에서 보이는 과도기적인 현상이라고 볼 수 있다.

근초고왕대의 마한 지역 정벌에서도 기존의 토착세력이 완전히 해체되어 백제 세력권으로 흡수된 것은 아니었다. 이 지역에서는 4세기 이후에도 이전의 전통적 묘제인 옹관묘가 계속 조영되고 있기 때문이다. 나주 신촌리 등에서 출토된 금동관의 주인공은 바로 이들 수장급 재지세력이었다.

천안 화성리에서 출토된 청자
호로, 백제 중앙과의 관계를
알려준다.(국립중앙박물관)

이같은 간접지배 지역의 존재는 담로제가 제
대로 실시되지 않은 백제의 정치상황을 보여
주는 것이다. 따라서 백제 중앙국가권력의
직접적인 영향이 미치지 못했던 지역이 존
재했다는 것은 아직 일원적인 지방통제라
는 정치체의 미숙성을 드러낸 것이기도 하
였다. 그래서 5방체제로의 전환은 백제 지방
통치체제의 이원성을 극복하고 보다 중앙집권
적인 통치체제를 지향했다는 점에서 주목되
는 대목이다. 이 5방체제로 가는 길목에서 중
요한 교량역할을 한 것은 바로 담로제이다. 지방통치체제의 계기적 변
화이자, 정치발전과정에 나타난 과도기적 현상이 담로제였던 것이다.

3. 5방체제의 정비

백제의 지방통치제도는 수도의 변천이나 영역확장에 따라 많은 우여
곡절을 겪었지만, 이같은 변화와 발전상을 제대로 복원하지는 못하였
다. 특히 사비시대(538~660년)인 6~7세기의 지방통치체제는 '5방(方)
37군(郡) 200성(城)'으로 편제되었다는 사실만을 알뿐, 구체적인 운영
방식이나 성격은 모르는 부분이 많았다.
즉 사비시대 백제 지방통치체제를 '방(方)－군(郡)－성(城)' 체제라고

말은 하지만, 과연 5방의 구성이나 위치는 명확히 밝히지 못했다. 그리고 방과 군·성과의 상관관계는 어떠한 구조를 이루었는지도 불분명한 상태였다.

사비시대 지방통치체제의 구조를 5방체제라고 말하는 것은 『주서』(周書)와 『한원』(翰苑) 소인 괄지지(括地志)의 내용을 토대로한 해석이다. 국내 사서인 『삼국사기』와 『삼국유사』 등에는 당시 백제 지방통치제도의 구체적인 실상을 서술한 기록이 없다. 중국의 역사서 『주서』에 보이는 백제 지방통치제도로서의 5방은 그 하위의 통치단위인 군과 현을 아우른 표현이라고 생각된다. 따라서 기존에 말하던 '방-군-성' 체제란 표현을 이 책에서는 5방체제로 기술하고자 한다.

그러면 앞서 살펴본 5부제에서 담로제로 발전한 백제의 지방통치제도가 사비시대에 어떻게 5방체제로 형성되고, 또 정비되었을까. 이 책에서는 5방체제의 내용이 보이는 『주서』및 『한원』백제전의 기록과 『삼국사기』·『고려사』지리지 및 『세종실록』지리지와 『신증동국여지승람』등을 복원하여 5방과 37군의 위치를 살펴 보았다. 이러한 작업을 통해 방과 군의 유기적 관계를 살펴볼 수 있을 것이다. 특히 사비시대에 백제 중앙에서 지방에 대한 통제를 제도적으로 어떻게 실현하였는지를 밝히기 위해서는 방과 군의 위치를 추적하는 작업이 선행되어야 한다.

앞서 말한 것처럼 담로제는 비록 전국을 단위로 한 편제방식은 아니었다. 국경지대나 전략적 중요성이 인정되는 지역, 교통상의 중심지 등을 거점성으로 삼아 중앙에서 파견한 자제와 종족들이 직접지배 방식을 빌려 지역을 다스린 지방통치체제가 담로제였다.

담로제는 여러 성을 관장하는 주성(主城)에 중앙에서 지방관을 파견했다라는 점은 5방체제 아래에서의 군(郡)의 역할과 상응하는 것이다. 즉 22개의 담로는 영역의 확장 및 직접지배 지역이 확대되면서, 37개의 군으로 늘어나는 발전적 과정을 겪게 된다. 따라서 5방체제가 언제 정비되었는가 하는 시점은 곧 방(方)이 마련되었던 시기로 보아야 할 것이다. 기존의 담로-성체제 상부의 행정단위로 5방을 갖춤으로써 '방-군-성'을 잇는 5방체제가 마련된 것이다. 이러한 이유로 5방체제의 정비시기를 5방의 설치에 촛점을 맞추고자 한다. 먼저 5방을 자세히 언급한 『주서』 열전 백제전의 기록을 보면 다음과 같다.

백제는 동서로 450리이고 남북으로 9백여 리이다. 도성은 고마성(固麻城)이다. 그 밖에 다시 5방이 있다. 중방은 고사성(古沙城), 동방은 득안성(得安城), 남방은 구지하성(久知下城), 서방은 도선성(刀先城), 북방은 웅진성(熊津城)이라고 한다. …… … 왕도 안에 1만 가가 있어 나눠서 5부로 하였으니 상부(上部)·전부(前部)·중부(中部)·하부(下部)·후부(後部)로 병사 5백 인을 거느린다. 5방에는 각각 방령(方領) 1인이 있어 달솔(達率)로 삼고, 군장(郡將) 3인은 덕솔(德率)로 삼았다. 방(方)은 군사 1천2백 인 이하에서 7백 인 이상을 거느렸다. 성(城) 내외의 민서(民庶)와 여러 작은 성이 모두 방에 예속되어 있었다.

『주서』 백제전에는 도성(都城)인 고마성 이외에 5방이 더 존재했다는 사실과 5방의 조직을 언급하면서, 특히 5방의 명칭을 모두 기록하고 있다. 『주서』에서 치성(治城)을 고마성(固麻城)이라고 했는데, 고마성이 웅진을 뜻하므로 웅진시대의 사실을 기록한 것으로 오해할 수도 있다. 그러나 웅진시대의 사실을 전하는 『양서』에는 5방제가 보이지 않고, 지방제도로서 담로제가 나온다. 그러므로 『주서』에 기록된 고마성은 웅진시대의 상황이 아니라, 전대의 사서를 종합하는 과정에서 『양서』에 기록된 '치성을 고마라고 한다'는 부분을 그대로 기록한 것이다. 사비시대의 상황을 적은 중국 역사책 『수서』(隋書)에는 사비를 의미하는 도성이 고마성이 아니라, 거발성(居拔城)으로 표기되어 있다. 또 『주서』와 『수서』를 종합·편찬한 『북사』(北史)에서 '그 도읍을 거발성(居拔城) 또는 고마성(固麻城)이라고 한다'고 표현한 것으로 보아, 중국사서에서는 백제 사비성이 거발성과 고마성으로 혼용되었음을 알 수 있다.

그래서 『주서』의 고마성을 근거로 5방체제의 실시시기를 웅진시대로 볼 수는 없다. 이는 『양서』와 다른 양상을 보인다는 점에서 왕도 5부제와 지방통치제도인 5방체제는 웅진시대에 실시된 것이었다고 보기 보다는 사비시대의 상황으로 파악하는 것이 타당할 것이다.

더욱이 『주서』의 5방 가운데 북방(北方)으로 웅진성이 보인다는 것과 '왕성 이외에 다시 5방을 두었다'는 기록을 상기하면, 5방의 설치가 사비시대에 이루어진 것임이 분명하다. 또한 『주서』의 내용이 557년에서 581년 사이의 사실을 적은 것이고, 백제가 주나라와 활발한 통교를 벌인 시기도 위덕왕대(555~597)이다. 따라서 늦어도 위덕왕 통치시기를 전후해서 5방이 마련되었음을 알 수 있다.

그러니까 5방의 편제는 성왕의 사비천도(538년) 후에 이루어진 지방 제도의 정비과정에서 이루어진 것이다. 신라의 한강 유역 장악과 관산성 전투에서의 성왕의 죽음으로 나제동맹은 결렬되었으며, 6세기 후반 삼국의 항쟁은 일시적 소강상태로 돌입하게 되었다. 위덕왕은 이 틈을 타서 국가 통치체제를 새롭게 정비함으로써 국내 정세를 내실로 이끌었던 것이다.

『일본서기』 흠명천황 4년(543)에서 5년(544) 사이인 백제 성왕 21년에서 22년 사이에 백제가 신라와 고구려를 견제할 목적으로 임나의 하한에 설치한 군령(郡令)과 성주(城主)의 문제가 보인다. 물론 임나에 파견한 군령과 성주를 통해 백제가 이 지역을 지방통치체제에 완전히 편입시켰다거나, 이때 임나의 지배가 백제의 본래 영역과 똑같은 지배형태로 이루어졌다고는 생각되지 않는다. 그러나 군의 책임자인 '군장(郡將)'과 소성(小城)의 책임자인 '성주(城主)'라는 명칭에서 백제가 사용한 지방관의 칭호가 보인다. 이 때문에 임나 지역의 통제를 위하여 파견한 인물들도 군령과 성주의 직책을 따랐던 것으로 볼 수 있다.

성왕 21년에서 22년 사이에 이 문제가 불거진 것은 백제의 군령과 성주가 이미 배치되었기 때문일 것이다. 따라서 이들의 배치는 기사가 나오는 시점이거나, 이로부터 멀지않은 시기에 이루어졌을 것으로 추정된다. 이러한 5방체제로의 전환과 발전과정은 고고학적인 연구와도 맥락을 같이 하고 있다. 영산강 유역의 대형옹관묘가 5세기 후반기에 이르러 쇠퇴하기 시작하고, 이를 대신하여 공주나 부여 지역에서 유행하던 석실분이 나타난 것으로 밝혀졌다.

특히 관식(冠飾)의 변화는 주목을 끌었다. 나주 신촌리와 익산 입점리 등 금동관이 나왔던 옹관묘가 6세기 중엽 이후 점차 사라지게 된다. 그리고 나주 흥덕리에서 처럼 황혈식 석실분이 등장하는 가운데 은제관식이 출토되었다. 이는 6세기 중엽 이후 지방의 토착적인 재지세력들이 쇠퇴하고 중앙의 제도적 통치질서 속에 완전히 편제된 것을 의미한다.

이것이 바로 6세기 초반이후 나주·익산 지역에서 나타나는 고고학적 변화 양상과 더불어 군령·성주의 명칭을 통해 확인되는 것이다. 북방(北方)으로 웅진성이 비정된다는 기록으로 미루어 5방체제의 완비는 성왕 16년(538년) 사비천도 이후 위덕왕 집권시기(555~598년) 사이에 통치체제를 정비하는 과정에 이루어졌을 것이다. 성왕의 사비천도를 계기로 왕도의 행정구역도 5부제로 정착되었고, 이와 함께 지방을 5방체제로 재정비하여 지방에 대한 중앙통치력을 강화할 수 있었던 것이다.

5방체제에서 상위의 단위 5방의 편제를 밝히는 일은 사비시대 백제 지방통치체제를 가늠할 수 있는 주요한 단서이다. 앞에서 살핀 내용을 바탕으로 사비시대의 5방과 방성을 표로 만들어 보면 다음과 같다.

[표 4]에 나타난 것처럼 5방의 특징은 왕도 이외의 전국 동·서·남·북·중의 중요한 거점에 위치했다는 점일 것이다. 이는 전국을 균형적으로 통제하고, 주변의 군과 성을 아우른 군사적·행정적 거점으로서

[표 4] 백제 사비시대의 5방과 방성

5방	방성	왕도를 기준한 방위 및 거리	방성의 넓이	병력	방성의 추정지
中方	古沙城	남 260리	方 150보	1,200명	고부(古阜)
東方	得安城	동남 100리	方 1리	700~1,000명	은진(恩津)
南方	久知下城	남 360리	方 130보	〃	광주(光州)또는남원(南原)
西方	刀先城	서 350리	方 200보	〃	대흥(大興)
北方	熊津城	동북 1리반	方 1리반	〃	공주(公州)

의 역할을 제대로 수행하기 위한 편제였다.

그리고 왕도 이웃에는 동방(은진)과 서방(대흥), 북방(공주)을 두어 수도의 방어 강화를 꾀하였다. 또 남방과 중방을 전국의 거점에 고르게 편제하여 지방통치를 원활히 할 수 있었던 것이다. 특히 남방은 5세기 후반 이래 편입된 영산강 유역의 기반을 굳히자는 것이었고, 신라전의 전진기지로서도 중요시되었던 지역이기도 하였다. 이같은 5방제의 확립은 전국을 효율적으로 장악하는 계기가 되었던 동시에, 무왕대 이후 신라에 대한 파상적인 공격을 감행할 수 있는 바탕이 되었다.

방(方) 밑의 군(郡)은 이전 단계의 담로와 연결선상에서 이해할 수 있다. 백제 멸망기에 보이는 37개 군은 영역확장과 더불어 전국에 편제되어 방과 여러 작은 성들을 연결하는 실질적인 행정단위로 기능하였다. 군에는 군장(郡將) 3인을 두었다. 방에도 방령(方領) 1인과 방좌(方佐) 2인을 배치하였다. 군은 원래 진(秦)의 군현제에서 비롯된 지방행정구획의 명칭이었다. 진나라 제도에서는 천하를 36군으로 나누고, 그 아래에

현을 두었다. 그런데 주제(周制)에서는 '군소현대(郡小縣大)'를 채택하여 현 아래에 4개의 군을 두었다가 전국시대 이후는 '군대현소(郡大縣小)'로 다시 변화하였다. 남북조 분열 때에는 각각 주(州)가 생기면서 군이 주에 예속되게 되었다. 수나라 양제대에는 주를 군으로 고쳐 주의 명칭이 폐지되었다가 당대에는 다시 군을 폐지하고 주를 두었던 것이다.

그러면 백제가 지방행정단위로서 37군을 어떻게 편제하였는가. 이를 알아 보기 위해 『삼국사기』 권 36 잡지(雜志) 5 지리(地理) 3을 먼저 살펴볼 필요가 있다. 이들 기록에는 신라가 백제를 점령한 뒤 웅주(熊州)·전주(全州)·무주(武州) 3곳에 주(州)를 설치했다는 기사가 나온다. 또 『삼국사기』 권 37 잡지 6 지리 4에는 백제 군현들이 기록되어 있다. 『고려사』 지리지와 『신증동국여지승람』도 참고할 사료이다. 이들 이러한 백제 지리 관계 사서를 통해 37개 군의 지명을 일일이 비정하면, 군은 부여 인근지역을 포함하여 전국에 고르게 배치되었음을 알 수 있다. 이상의 『삼국사기』 지리지의 검토를 통해 확인된 백제 37군을 도표로 정리하면 [표 5]와 같다.

백제와 신라의 지명은 『삼국사기』 지리지에 따른 것으로 신라시대는 경덕왕(景德王) 16년에 해당한다. 고려는 『고려사』 지리지를 근거로, 조선은 『세종실록』 지리지와 『신증동국여지승람』을 참고로 한 것이다. 비고란은 37개 군의 편제를 확인하기 위해 현재의 소속 도명(道名)을 표기하였다.

[표 5] 백제 37군의 분포와 변천 과정

	百濟	新羅	高麗	朝鮮	現在	備考
1	大木岳郡	大麓郡	木州郡	木川縣	목천	충남
2	加林郡	嘉林郡	嘉林郡	林川郡	임천	충남
3	舌林郡	西林郡	西林郡	舒川郡	서천	충남
4	馬尸山郡	伊山郡	伊山郡	德山縣	덕산	충남
5	槥郡	槥城郡	槥城郡	沔川郡	면천	충남
6	所夫里郡	扶餘郡	扶餘郡	扶餘縣	부여	충남
7	黃等也山郡	黃山郡	渾山縣	連山縣	연산	충남
8	雨述郡	比豊郡	懷德郡	懷德縣	회덕	충남
9	結已郡	潔城郡	結城郡	結城郡	결성	충남
10	一牟山郡	燕山郡	燕山郡	文義縣	문의	충북
11	基郡	富城郡	富城郡	瑞山郡	서산	충남
12	湯井郡	湯井郡	溫水郡	溫陽郡	온양	충남
13	風達郡	?	?	?	?	충남
14	古龍郡	南原小京	南原府	南原都護府	남원	전북
15	大尸山郡	大山郡	泰山郡	泰仁縣	태인	전북
16	進乃郡	進禮郡	進禮郡	錦山郡	금산	충남
17	屎山郡	臨陂郡	臨陂縣	臨陂縣	임피	전북
18	碧骨郡	金堤郡	金堤縣	金堤郡	김제	전북
19	道實郡	淳化郡	淳昌顯	淳昌郡	순창	전북
20	金馬猪郡	金馬郡	金馬郡	益山郡	익산	전북
21	完山郡	全州	全州	全州	전주	전북
22	伯海郡	壁谿郡	長溪縣	長溪縣	장계	전북
23	任實郡	任實郡	任實郡	任實縣	임실	전남
24	分嵯郡	分嶺郡	樂安郡	樂安郡	낙안	전남
25	伏忽郡	寶城郡	寶城郡	寶城郡	보성	전남

	·百濟	新羅	高麗	朝鮮	現在	備考
26	秋子兮郡	秋成郡	潭陽郡	潭陽都護府	담양	전남
27	月奈郡	靈巖郡	靈巖郡	靈巖郡	영암	전남
28	武尸伊郡	武靈郡	靈光郡	靈光郡	영광	전남
29	歃平郡	昇平郡	昇州	順天都護府	순천	전남
30	谷乃郡	谷城郡	谷城郡	谷城縣	곡성	전남
31	尒陵夫里郡	陵城郡	陵城郡	陵城縣	능주	전남
32	波夫里郡	富里縣	福城縣	福城廢縣	복성	전남
33	發羅郡	錦山郡	羅州牧	羅州牧	나주	전남
34	道武郡	陽武郡	道康郡	康津縣	강진	전남
35	勿阿兮郡	務安郡	務安郡	務安縣	무안	전남
36	因珍島郡	珍島郡	珍島郡	海珍郡	진도	전남
37	阿次山郡	壓海郡	壓海郡	壓海廢縣	압해	전남

[표 5]와 같이 지리지의 기록들을 빌려 복원한 사비시대의 5방 37군을 지도로 표현하면 다음과 같다.

백제 전체의 영역은 위의 지도에 표시된 군(郡)이 존재한 지역보다는 좀 더 신라쪽으로 치우쳐 있었다. 접전 지역의 관할권이 가변적이었던 삼국의 형세를 감안하더라도 군 밑에 여러 작은 성들이 자리했기 때문에 전체적인 백제의 영역은 좀 더 동쪽으로 나가 있었던 것이다.

『신증동국여지승람』 권 30의 진주목(晋州牧)조에는 '진주는 본래 백제의 거열성 또는 거타인데, 신라 문무왕이 취해 주를 두었다' 라는 기록이 나온다. 이는 진주 근처까지가 백제의 영역이었음을 시사하는 대목이다. 또한 방과 군 등 치소를 중심으로 살폈기 때문에 청주 등 백제의

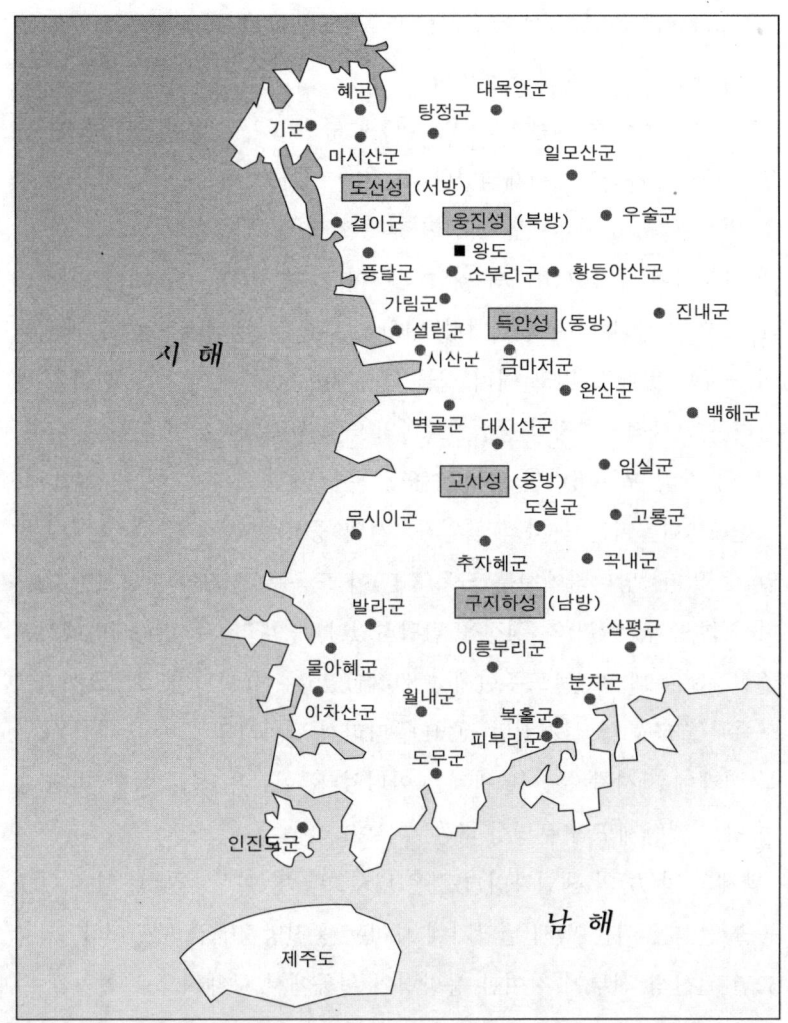

혜군
대목악군
탕정군
기군
마시산군
일모산군
도선성 (서방)
결이군
웅진성 (북방)
우술군
■ 왕도
풍달군
소부리군
황등야산군
가림군
득안성 (동방)
진내군
설림군
시산군
금마저군
서해
완산군
벽골군
대시산군
백해군
고사성 (중방)
임실군
무시이군
도실군
고룡군
추자혜군
곡내군
구지하성 (남방)
발라군
삽평군
이릉부리군
물아혜군
분차군
월내군
아차산군
복흘군
피부리군
도무군
인진도군
제주도
남해

백제 사비시대의 5방 37군 편제도

현(縣)이 위치했던 지역은 표시되지 않았다. 따라서 백제의 영역은 위의 지도에 표시된 것보다 넓었다.

그리고 5방은 동방(은진), 서방(대흥), 중방(고부), 남방(광주 또는 남원), 북방(공주)으로 편제되었다. 그러나 이들 지역은 방의 치성(治城)인 방성(方城)이 자리했던 거점이었다. 그래서 큰 성을 거점으로 한 방의 관할범위는 사실상 더욱 넓었을 것이다. 즉 5방은 왕도 이외의 전국의 중요한 거점에 위치한 대성(大城)으로서, 그 내외에 귀족과 백성들이 거주하였다. 그리고 여러 성들을 통제하는 등 주변의 군과 성을 관장하는 군사적 · 행정적 중심지로서의 역할을 수행하였던 것이다.

특히 방의 우두머리인 방령(方領)은 중국의 도독(都督)에 비견된다고 표현하였다. 이는 군사적 책임자로서의 중요성이 더욱 강조되었음을 알 수 있다. 당나라에서는 도독(都督)이 도독부(都督府)의 군사행정을, 자사(刺史)가 주(州)의 행정을 담당하였다. 당나라 시기의 지방행정은 주현제(州縣制) 또는 도주현제(道州縣制)였고, 이와는 별도로 요충지에 도독부(都督府)를 설치했던 것이다. 따라서 당나라의 도독과 자사는 도독 아래에 자사를 둔 서열관계는 아니었다. 이같은 점은 백제 5방체제가 당의 지방제도와 운영상 다른 부분이다.

백제의 방(方)의 책임자인 방령은 병사 7백 명 이상 1천2백 명 이하를 통솔하였다. 이는 백제 멸망기에 보이는 웅진방령(熊津方領)이나, 성왕 32년 관산성 전투에 참여한 동방령의 활동에서 구체적으로 확인할 수 있다. 백제 왕도 5부제의 운영에서 부(部) 아래에 각각 5백 명의 병력을 거느렸던 것에 비해, 방은 7백 명 이상 1천2백 명에 이르는 더 많은 병력을 통솔하였던 것이다. 계백장군이 황산벌전투에 참여할 때 이끌고 간 결사대가 5천 명이었음을 감안하면, 5방의 병력은 상비군적 성격이 강했음을 알 수 있다. 이와 같이 삼국이 대치했던 상황에서 지방제도는 지방행정뿐 아니라 군사적 성격도 강하게 띠고 있었던 것이다.

왕도 부근에는 동방(은진)과 서방(대흥), 북방(공주)을 두어 수도 방어를 강화하였다. 전국의 거점에 고르게 편제한 남방(광주 또는 남원)과 중방(고부)은 지방통치를 원할하게 하였다. 특히 남방은 5세기 후반 이래 편입된 영산강 유역에 대한 통치의 공고성을 강화하기 위한 지역이라는 점에서 주목되어야 할 것이다. 또한 37개 군도 가림군(임천) · 소부리군(부여) · 황등야산군(연산) 등 부여 인근 지역을 포함한 전국에 고르게 배치하였다. 특히 고구려와의 대치 지역이었던 천안 지역을 중심으로 한 이남에는 서 · 북방 소속의 군을 배치시켰다. 또 전라남 · 북도 지역의 군은 중방과 남방을 중심으로 편제되었다. 이를『한원』의 기록과 비교하면, 동 · 서 · 북방은 5~7개 정도의 군을, 중방과 남방은 10개 정도의 군을 관할하였음을 확인할 수 있다.

『삼국사기』 지리지에 나오는 백제 고지(故地)를 살펴보면, 사비시대의 내용을 담고 있다. 그러나 이를 지도로 표시해보면, 삼국 모두 5~6세기의 내용을 서술한 것이 아니다. 고구려 · 신라의 경우는 5세기대의 상황을 서술한 것으로 보나, 신라의 영역은 상당히 위축되어 있다. 이는 아마도 『삼국사기』 편찬과정에서 다른 부분처럼 지리지도 편찬자들이 다양한 자료를 가지고, 종합적으로 정리한데서 비롯된 현상일 것이다. 그러나 신라사 중심으로 서술한 『삼국사기』에서 지리지만 유독 신라가 지리적으로 가장 협소했을 무렵의 상황을 기록하고 있다는 데는 의문의 여지도 있다. 어떻든 5방체제는 기존의 담로제와 마찬가지로 여러 성을 통치단위로 한 지방지배체제였다. 주성(主城)에 대한 중앙에서의 지방관 파견이라는 점은 5방체제가 담로제와 상응하는 점이다. 22개의 담로가 영역의 확장 및 직접지배 지역의 확대에 따라 37개의 군으로 발전되었던 것이다. 그러나 담로제와 준별되는 특징은 전국을 단위로 한 군의 편제와 이를 통할하는 상위단위로서의 5방이 편제되었다는 점이다. 이를 통해 대성(大城 : 方)−성(城 : 郡)−소성(小城)의 누층적 지방통치체제인 5방체제가 마련되었던 것이다.

이같은 군현제적 지배질서는 당시 삼국 모두가 지향했던 지방통치체제의 전형이었다. 『한원』에 인용된 고려기의 내용에서도 고구려 역시 이러한 지방통치조직을 마련했다는 사실을 확인할 수 있다. 고구려에서도 대성−성−소성(大城−城−小城)의 누층적인 지방통치조직을 갖추었던 것이다.

신라의 경우도 지방통치조직으로서의 주군(州郡)이 지증왕 6년(505)에 처음으로 설치된 이래 성(城)을 기본·토대로 하였다. 그리고 상부에 광역의 행정구역으로 주와 군을 설치한 주−군−성체제(州−郡−城體制)가 중고기에 마련되었다. 주−군−성체제에서의 핵심은 백제의 방과 같은 역할을 하는 주(州)였다. 이 시기의 주는 일정한 행정구역으로서 의 직할시를 두었고, 동시에 군사적인 측면에서 군관구(軍管區)로서의 성격도 지니고 있었다.

앞서 살핀 것과 같이 백제에서도 각 방성에는 1천 명 내지 7백 명의 군사가 배치되어 방성의 장관인 방령이 이를 통솔하였다. 따라서 방은 일종의 군관구적 성격을 지닌 통치조직이라고 할 수 있다. 한편 군의 경우에도 장관의 명칭을 군장(郡將)이라고 한 것이라든지, 백제의 멸망 후 풍달군장(風達郡將)인 흑치상지(黑齒常之)가 부흥군을 일으켰던 것으로 보아 군장은 군지휘관으로서의 기능도 하였다.

이상에서 살펴본 것처럼 5방체제는 종래의 담로제와는 성격이 달랐다. 첫째는 방이라고 하는 광역의 행정구역을 설정하였다는 것이다. 5방은 전국을 다섯 구역으로 크게 나누어 그 범위 내에서 중앙의 명령을 받아 하위의 조직에 전달하고 통솔하는 역할을 하였다. 이는 지방통치조직이 종래에 비해 진일보한 현상을 보여주는 것이다.

둘째는 성(=현)이라고 하는 하위의 지방조직을 정비하여 지방관을 파견함으로써 지방관의 수가 크게 확대되었다는 점이다. 현(縣)의 수가 많았을 때는 200내지 250개 정도였다. 이처럼 현의 수가 많다는 것은 곧 재지세력들의 전통적 세력기반이 그만큼 약화되어 줄었다는 것을 뜻하는 것이기도 하다. 이에 따라 지방에 대한 중앙의 통제력이 강화되어 재지세력들은 재편제되어 간 것으로 생각된다.

지방의 성들은 행정적 거점을 중심으로 축조되었다. 백제는 교통·군사상의 요지에 성을 쌓아 행정구역으로서의 기능을 부여하였다. 『구당서』백제전에는 멸망 당시의 백제가 5부 37군 200성으로 편제되었다고 기록하고 있다. 이같은 성들의 대다수는 방어와 관련하여 산 위에 축조되었기 때문에 산성이 중심을 이루었다.

지방의 성 가운데 5방성은 축조 규모를 대략 짐작할 수 있다. 5방성은 중방인 고사성·동방인 득안성, 남방인 구지하성, 서방인 도선성, 북방인 웅진성을 말한다. 이 방성들은 험한 산을 이용하여 축조되었는데 석축으로 이루어진 것도 있다. 고사성은 방 150보(步), 득안성은 방 1리(里), 구지하성은 방 130보(步), 도선성은 방 200보(步), 웅진성은 방 1리 반(里半)의 규모이다. 이 방성에는 군대가 주둔하였는데, 그 수는 1천~7백 명 정도였다고 한다. 이 아래에는 방성의 통제를 받는 군성이나 현성(여러 소성)들이 있었다. 이러한 중요한 성들은 중심 성을 보호하기 위해 부대적으로 소성(小城)이나 책(柵)을 축조하였다. 구수왕 4년(217)에 사도성(沙道城) 곁에 두 개의 책을 설치했고, 실제 큰 산성 옆에 자성(子城)이 축조되었다.

산성은 축조하는 방식에 따라 크게 세 가지가 있다. 그것은 테모식산성, 포곡식산성, 복합식산성이 그것이다. 테뫼식산성은 산 정상부를 둘러싼 형식이고 포곡식산성은 산 계곡의 자연능선을 따라 둘러싼 것이다. 그리고 복합식산성은 테뫼식과 포곡식을 포괄한 것이다. 이들 성은 축종용 자재에 따라 토축(土築), 석축(石築), 토석혼축(土石混築)으로 나누기도 한다. 산성에는 적의 공격을 파수하기 위한 망루와 함께 장기전에 대비한 군창과 무기고 등을 갖추었다. 그리고 몇 개의 우물을 파서

식수로 공급하였다.

셋째는 지방조직의 편제에는 전정(田丁)의 호구(戶口)를 따져 보다 객관적인 기준을 포함시켰다는 점이다. 종래 담로체제에서는 삼한시기의 소국을 기본 단위로 하였다. 그러나 이 시기에 와서 방·군·성을 편제할 때는 여러가지 통계치를 기준으로 삼았다. 특히 200내지 250개에 이르는 군현의 편제에는 진정과 호구의 과다가 기준이 되었던 것으로 보인다. 이는 지방통치조직의 편제상에서 객관적인 기준이 마련된 것을 보여주는 것이다.

삼국 모두는 성을 기본 단위로 한 누층적인 지방통치조직을 마련하여 영토와 민에 대한 지배력을 조직적으로 이끌었다. 이같은 군현제 성격의 지방통치조직이 5방체제가 중국의 사서 속에 기록되었던 것이다.

5방체제는 관품체제 및 관료제의 정비에 힘입어 정비될 수 있었다. 이는 종래의 단선적인 지방행정에서 민사·군사·감찰 등의 3부분으로 분화·발전되어 나아가는 단계였다. 담로제에서 5방체제로의 개편은 백제 지방통치체제의 계기적인 변화·발전과정상을 근간으로 파악되어야 할 것이다. 즉 담로제에서 5방체제로의 정비는 전국을 단위로 한 누층적인 군현제적 지배질서를 확립해 가는 과정이었다. 전국에 걸쳐 지역별로 성(城) 중심의 지역행정단위들을 묶어 관할함으로써 지역별 통제와 중앙과의 연계가 보다 원활하게 추진되었다.

이와 같이 백제는 신라·고구려와 마찬가지로 지방을 대상으로 강력한 중앙의 통제력을 관철시키는 방안을 추구하였다. 이러한 노력은 5방체제를 통해 실현될 가능성을 내포하고 있었다. 그러나 지방통치체제의 완비는 백제의 멸망으로 생명력을 연장시키지 못한 채 역사 속으로 사라져 버리게 된다.

백제 통치체제의 기능과 성격

1. 중앙정치조직의 정비와 지방관 파견

지방통치체제의 발전은 중앙정치조직의 정비와 맥락을 같이하는 것이다. 백제 초기 5부제 아래서는 북부(北部)의 해루(解婁)와 동부(東部)의 흘우(屹于) 등 관직의 성격이 아닌 재지세력을 통한 간접지배의 양상을 띠었다. 그러다가 관직체계의 정비와 함께 이들을 관료체계로 끌어들이면서, 인척관계를 맺기도 했다. 왕실의 확대와 더불어 전국의 주요거점에 자제와 종족을 파견한 담로제(檐魯制) 실행의 기반이 되었다. 그러나 담로제는 5방체제와 같이 누층적인 지방통치체제도는 아니었다. 다만 관료제에 따른 지방관의 파견이라는 점에서 미숙성을 드러낸 지배체제였던 것이다.

반면 5방체제는 기존의 담로제가 자제와 종족의 파견을 통한 지방통제 방식이었던 것과는 달리 관료조직체계 내의 달솔과 덕솔 등을 지방관으로 체계적으로 파견하고 있다. 백제 정치사의 전개과정에서 달솔과 덕솔 등은 주로 군사활동을 주도하고 있었다. 그래서 달솔과 덕솔이 지방통치체제 정비과정에 방령(方領)으로 파견된다는 것은 지방제도의 군사적 성격과 관련지울 수 있을 것이다.

그러나 먼저 지방관으로 달솔과 은솔 등이 파견되었다는 사실은 백제 관직체계의 정비라는 측면에서 살펴볼 수 있다. 달솔은 고이왕 27년의 16품의 관제를 마련할 때 1품의 좌평에 이어 2품으로 제정된 관등이다. 그러나 관복제도를 마련하면서는 좌평부터 6품의 내솔까지 자색(紫色)의 복색에 은화(銀花)로 관(冠)을 장식할 수 있었다. 좌평(佐平) 계열과 솔(率) 계열은 같은 복색을 착용했다는 이야기다. 특히 달솔은 솔(率) 계열 가운데서도 구분되어 좌평의 뒤를 이은 정치적 위상이 고려되었다.

흑치상지(黑齒常之) 묘지명 검토에서 달솔과 좌평 사이에는 신분적 경계선이 뚜렷이 존재했다는 연구도 있다. 즉 흑치상지의 경우 그의 가계가 대대로 달솔을 역임했다는 기록으로 미루어 좌평은 최고 신분층만이 차지할 수 있는 관등으로 보인다. 그래서 좌평과 달솔의 신분적 경계선이 지적되었다. 그런데 좌평이 최고 신분층만이 차지할 수 있는 관등이라는 점에서 좌평과 달솔의 신분적 경계선만을 지적하는 것으로 그쳤다. 또 달솔을 30명으로 제한한 정원 규정을 빌려 특정 신분에게만 관등을 내리기 위한 제도적 장치로 보기도 하였다.

이는 백제 후기에 나타난 좌평과 달솔 정원 증가에 따른 정치적인 상황을 간과하고 있다. 『삼국사기』 백제본기에는 달솔이 병관좌평으로 승진하는 기록이 많이 나온다. 이같은 『삼국사기』 기록으로 미루어 달솔은 병관좌평 등 좌평으로의 승급도 가능하였던 것으로 보인다. 그러므로 백제 관등제와 신분제와의 관련문제는 좀 더 신중히 검토되어야 할 것이다.

정원이 30명이었던 달솔은 좌평 수보다 많았다. 이들은 사비천도 이후 왕도 행정구획인 5부의 책임자나, 또 지방행정구역 5방의 장으로서 활동하였다. 『일본서기』 제명천황(齊明天皇) 6년(660) 9월조의 은솔(恩率) 귀실복신(鬼室福信)이 10월조와 천지천황(天智天皇) 원년(662) 봄 정월조에서는 좌평으로 나오고 있다.

그렇다면 백제에서는 관품제가 신분제에 구애받지 않고, 모든 관료들이 고위관품으로 진출하였을가 하는 의문이 든다. 그러나 삼근왕 2년(478)에 덕솔로 나오는 진노(眞老)가 동성왕 4년(482)에 병관좌평으로 승진한 사례에서 이는 가능한 일이었을 수도 있다.

『일본서기』에 보이는 백제 사신들의 내용에서 관품(官品)의 변화를 추적해 보면 다음과 같다.

[표 6]에 보이는 것처럼, 일본에 파견된 백제 사신들에게서 관품체계를 가늠할 수 있다. 구귀(久貴)와 목협금돈(木劦今敦)을 제외하고는 대부분 한두 관품씩 승진하고 있다. 주로 덕(德) 계열은 덕(德) 계열로, 솔(率) 계열은 솔(率) 계열로 진급하였음을 보여준다. 그러나 귀실복신(鬼室福信)은 3품인 은솔(恩率)에서 1품인 좌평(佐平)으로 승진하고 있다. 물론 백제 멸망기의 혼란한 시대상황이었지만, 앞서 언급한 것처럼 솔

[표 6] 백제 사신들의 관품 변화

사신 성명	관 품 변 화 (연도)	
己州己婁	11品 : 都 德 (534)	9品 : 護 德 (543)
鼻利莫古	6品 : 奈 率 (541)	4品 : 德 率 (543)
木刕眛淳	6品 : 奈 率 (541)	4品 : 德 率 (543)
眞慕宣文	6品 : 奈 率 (541)	4品 : 德 率 (547)
馬 武	8品 : 施 德 (544)	6品 : 奈 率 (550)
掠葉禮	6品 : 奈 率 (545)	5品 : 扞 率 (548)
久 貴	7品 : 將 德 (549)	8品 : 施 德 (550)
木刕今敦	4品 : 德 率 (552)	5品 : 扞 率 (553)
鬼室福信	3品 : 恩 率 (660)	1品 : 佐 平 (660)

(率) 계열에서 좌평으로의 진급도 가능하였던 것이다. 『삼국사기』에는 주로 진씨(眞氏)와 연씨(燕氏) 등 특정의 성씨가 달솔에서 좌평으로의 승진이 가능했던 것으로 나온다. 『삼국사기』 백제본기에 등장하는 좌평들을 보면, 초기에는 왕족과 진씨(眞氏)·해씨(解氏) 등 왕의 인척들이 대부분을 차지했음을 알 수 있다. 따라서 고이왕 17년에 마련된 관품제와 이에 따른 관원 수의 규정은 새로이 흡수한 재지세력을 공적 지배질서내로 편입하여 배타적 권력을 독점하기 위해 마련된 것이라고 생각된다.

　그러나 고이왕대(古爾王代) 마련된 백제 중앙통치조직 규정이 백제 전 시기에 걸쳐 적용된 것은 아니었다. 『삼국사기』를 보면, 삼근왕(477~478)대부터 특정 직명이 붙지않은 좌평들이 등장하고 있다. 즉 『삼국사기』 백제본기 4의 삼근왕 2년조를 보면, '좌평 해구(佐平 解仇)'와 '좌평 진남(佐平 眞男)'이 나온다. 그리고 무령왕 23년 '좌평 인우(佐平 因友)'를 기점으로 좌평의 직무를 구분하지 않은 채 '좌평'으로만 기록하였다. 동성왕 23년에 위사좌평(衛士佐平)으로 나오는 백가(苩加)를 무령왕(武寧王) 원년에는 그냥 좌평으로 적었고, 의자왕(義慈王) 16년 기옥에는 좌평 성충(成忠)이 보인다. 그리고 무령왕 이후에는 좌평의 기록보다 장군의 명칭이 많이 눈에 띈다. 관직으로 장군을 표현했지만, 이 가운데에는 관품이 좌평인 경우도 있었을 것이다.

그래서 좌평제에 변화가 뒤따랐다는 것을 추론해 볼 수 있다. 그런데 『일본서기』에도 흠명천황(欽明天皇) 4년(543) 12월에 상좌평(上佐平)·중좌평(中佐平)·하좌평(下佐平)이 보인다. 그리고 황극천황(皇極天皇) 원년(642) 2월조에도 대좌평(大佐平)·내좌평(內佐平) 등이 보여 백제 초기의 좌평제(佐平制) 변화를 읽을 수 있다. 의자왕대에는 '왕서자(王庶子) 41인을 좌평으로 삼고 각각 식읍(食邑)을 하사했다'라는 기사가 있다. 이는 실직이기 보다는 왕서자들을 통제하기 위한 수단으로 내린 명예직이었을 것이다. 백제 멸망기에 나오는 많은 수의 좌평은 백제 초기에 규정된 좌평 인원수 6명에 대한 제한이 철폐되었음을 알 수 있다.

앞에서 언급한 좌평제의 확대는 30명으로 제한한 달솔 관품의 증원을 자연스럽게 동반하였을 것이다. 사료에서 한성인(漢城人) 해충(解忠)이 '아신왕(阿莘王)의 계제(季弟) 섭례(碟禮)의 반역으로부터 전지(腆支)가 왕이 될 수 있도록 도와준 공로로 달솔이 되어 한성의 조(租) 1천 석을 받은 것'도 이러한 의미로 받아들일 수 있을 것이다.

이같은 현상은 웅진·사비로의 천도과정에 포섭되었던 다양한 세력들을 중앙통치질서 안으로 흡수하면서 일어났다. 따라서 고이왕대의 관등제 정비에서의 관원 규정은 보다 많은 세력들을 수용하는 방향으로 변화되었을 것으로 추정된다. 관료조직의 정비는 중앙통치체제인 22부제나, 누층적인 지방통치제도인 5방제도를 효율적으로 운영할 수 있었던 전기가 되었을 것이다.

2. 지방통치의 군사적 성격

1) 군사적 기능

백제 지방통치제도는 성격으로 미루어 군사적 기능을 무시할 수 없다. 삼국이 대치하는 상황에서 각국은 자존을 위해서는 끊임없는 전쟁을 효과적으로 대처하지 않을 수 없었다. 전쟁은 국가의 유지와 발전을 부추기는 자극제와 같은 것이었다. 더구나 고대사회에서의 국력의 결집과 성장에 절대적인 영향력을 행사하는 요인이었다.

이에 따라 고대의 지방제도는 행정단위로서의 역할뿐 아니라 군사적 기능을 겸비한 중대 사안이었던 것이다. 백제에서도 부제(部制)와 담로제는 물론 사비시대의 5방체제나, 왕도의 행정구획인 5부 25항제도는 군사동원 태세를 갖추어 군사적 단위로도 기능하였던 것이다.

먼저 백제 초기의 지방통치제도에 나타난 5부제의 성격을 살펴보면, 중요한 기능 가운데 하나가 군사동원 단위였음을 알 수 있다.

① 다루왕 3년 겨울 10월 동부의 흘우(屹于)가 말갈(靺鞨)과 마수산(馬首山) 서쪽에서 싸워 이겨서 살획한 것이 매우 많았다. 왕이 기뻐하여 흘우에게 말 10필과 조(租) 5백 석을 내렸다.

② 초고왕 49년 가을 9월에 북부의 진과(眞果)에게 명령하여 병사 1천 명을 이끌고 말갈의 석문성(石門城)을 공격하게 했다.(이상 『삼국사기』 권 23, 백제본기 제1)

사료 ①과 ②는 부(部)를 단위로 하여 군사행동에 나섰다는 것을 알수 있다. 즉 부 내의 병력을 동원하여 말갈과의 전투를 효율적으로 이끈 사실을 보여준다. 동부의 흘우는 마수산에서 말갈과의 전투를 성공적으로 수행하여 상(賞)을 사여받고, 북부의 진과 역시 군사 1천을 거느리고 말갈을 군사행동으로 대처하고 있다. 이는 '부'의 성립배경과도 부합된다. 즉 백제 국가는 '부' 내의 병력을 동원하여 말갈과의 전쟁에 효율적으로 대처했던 것이다.

담로제의 실질적 운영 주체는 지방 행정 단위인 성(城)이었다. 그래서 전쟁은 성을 단위로 이루어졌다. 중요한 위치에 있던 성(城)에는 지방관을 파견하여 고구려와 신라와의 전쟁을 효율적으로 대처하였다. 또한 사비시대의 5방체제나 왕도의 구획인 5부제 역시 군사 동원체제를 갖추었다는 내용을 『주서』 권 49와 열전 41 이역 상 백제전, 『한원』 권 30 번이부 백제조에서 확인할 수 있다.

이러한 군사적 기능은 동방을 은진(恩津), 서방을 대흥(大興), 중방을 고부(古阜), 남방을 광주(光州) 또는 남원(南原), 북방을 공주(公州)에 비정한 5방의 위치와도 관련시킬 수 있다. 이들 5방의 특징은 왕도 이외의 전국의 중요한 자리에 위치하면서 주변의 군(郡)과 성(城)을 통할하는 군사적·행정적 거점이었다는 것이다. 그리고 동방(=은진)과 서방(=대흥), 북방(=공주)을 왕도 주변에 두어 수도 방어를 강화하였다.

또한 왕도 5부제 역시 군사동원체제를 갖추었다. 앞서 사료에서 본 것처럼, 백제의 왕성(王城)은 사방 일리반(一里半)였다. 왕성을 5부로 나뉘었는데, 한 부에 병사가 5백 명이 주둔하고 있었다. 그러므로 왕도 5부의 군사를 모두 합치면 2천5백 명에 이르렀다. 왕도는 국가의 종묘와 왕이 자리하는 지역이었기 때문에 왕도의 존폐는 국가의 흥망과 직결되었다. 따라서 왕도의 행정구획 5부제 역시 군사동원 능력을 갖추어 비상시 전쟁에 곧바로 대처하는 방향으로 운영되었던 것이다.

백제 정치사에서 지방관으로 나오는 달솔과 덕솔 등도 주로 군사활동을 주도하였다. 그래서 달과 덕솔은 지방통치체제에 따라 지방관(=방령)으로 파견되었지만, 이들에게는 군사적 임무가 더 중시되었다.

신라의 경우도 지증왕 6년(505)에 처음으로 지방통치조직으로서의 주(州)와 군(郡)이 설치되었다. 성(城)을 기본 토대로 상부에 광역의 행정구역으로서의 주와 군을 설치한 주-군-성(州-郡-城)체제가 중고기에 마련되었다. 주-군-성체제에서도 가장 핵심이 되는 것은 백제의 방(方)에 해당하는 주(州)였다. 이 시기의 주(州)는 행정구역으로서 일정한 직할시를 끌어안았고, 동시에 군사적인 측면에서 군관구(軍管區)로서의 성격도 지니고 있었다.

『주서』에는 '방(方)에는 방령(方領) 1인과 군(郡)에는 군장(郡將) 3인을 두고, 많은 소성(小城)이 방에 예속되었다'고 기록되어 있다. 방(方)의 책임자인 방령의 명칭이나 군의 책임자인 군장의 명칭 등도 군사적 색채를 띤 것이다. 군장이란 원래 중국 한나라의 지방관인 군수(郡守)가 무사를 겸했기 때문에 붙은 명칭이다. 따라서 지방관의 명칭에서도 이들의 주요한 임무가 군사 업무였음을 추론할 수 있는 것이다. 이때 군장(郡將)이 3인이었다는 점도 주목할 부분이다. 5방체제에서 실질적인 지방행정단위는 37개의 군이었다. 그래서 한 군(郡)에 3명의 군장(郡將)을 둔 것은 군(郡)의 행정적·군사적 중요성으로 보여주는 것이다.

앞서 살펴본 것처럼 방(方)은 병사 1천2백 명 이하 7백 명 이상을 통솔했다. 방성(方城) 내외의 민서(民庶)와 대성(大城)인 방(方) 관할의 여러 소성(小城)을 군사동원 단위로 삼았다는 것을 알 수 있다. 또한『한원』은 방(方)의 병사가 많게는 1천 명에서 적게는 7백~8백 명이었다고 기록하고 있다.

그런데 또 하나 주목되는 것은 여러 방성(方城)들이 모두 험한 산(山)에 의지해 위치했다는 점이다. 이 점 또한 방(方)이 행정적 거점으로서뿐만 아니라 군사적 거점으로서도 중요했다는 사실을 증거하는 것이다. 지방에 주둔한 군사조직으로는 5방의 방성(方城)에 배치된 부대를 우선 꼽을 수 있다.『한원』백제조에 의하면 5방의 방성은 석축으로 이루어졌고, 7백~1천2백 명의 군사가 배치되었다. 이 군대를 지휘하는 자는 방의 장관인 방령(方領)이었다. 그리고 방령의 관등은 달솔이었다. 방성 외에 군의 치소인 군성(郡城)에도 군부대가 배치되었을 터이지만, 구체적인 내용은 알 수 없다.

이러한 부대들의 군사작전과 방어작전은 거점성을 중심으로 이루어졌다. 거점성은 5방의 중심지인 방성이나 군의 중심지인 군성 및 그밖의 현에 해당하는 성들이었다. 거점성의 군사들은 여기에 파견된 지방관이 관할하였다. 방의 장관인 방령, 군의 장관인 군장(郡將＝군령), 현의 장관인 도사(＝성주)는 모두가 군지휘관이었던 것이다. 이는 곧 군사조직과 지방통치조직이 하나의 체제로 이루어진 것을 의미한다.

중앙과 지방에 배치된 군부대 가운데 핵심적인 부대에 배속된 군사들은 상비병이었을 가능성이 크다. 그러나 대다수 부대의 군사들은 일반민을 동원하여 충원하였던 것 같다. 정(丁)의 연령층에 해당되는 일반민은 모두 군역의무가 부과되었는데, 이들의 복무기간은 3년이 원칙이었던 것 같다.

고구려의 한성 함락으로 웅진으로의 천도를 경험한 백제 왕실에서는 이같은 사태의 예방을 위해 부단한 노력을 기울였을 것이다. 그래서 행정적인 단위로서만이 아닌 일원적인 체제하의 군사적 성격이 농후한 지방통치체제를 모색하였던 것이다.

2) 마한문제와 지방통치

백제 국가의 성격을 논할 때 빼놓을 수 없는 부분이 토착적 기반이었던 마한(馬韓) 문제일 것이다. 백제 국가를 온전히 이해하기 위해서는 마한의 문화가 백제 기층문화의 한 부분을 이루었다는 사실을 간과해서는 안된다.

마한이 일찍이 온조왕대에 멸망했다거나, 6세기 이후에도 여전히 그 세력을 유지했다는 설 등 다양한 견해가 있다. 그러나 이는 백제의 영역확장에 따른 백제 지방통치체제의 정비과정을 제대로 이해하지 못한 데서 비롯된 것이다.

마한의 존재는 백제 지방통제력의 한계를 의미하는 것이었다. 이 때문에 백제 지방통치체제의 정비과정을 빌려 마한세력의 소멸과정을 추론해 볼 수 있다. 마한의 존재를 단일한 정치체로 파악할 수는 없다. 본래 54개국은 점차 통합과정을 거쳐 몇 개의 국(國)을 중심으로 세력권을 형성했을 것이다. 백제 지방통치체제를 고찰하는 과정에서 파악된 마한의 실체를 크게 나누어 보면 다음과 같다. 목지국(目支國) 세력과 차령산맥 이남의 금강 유역 세력, 그리고 영산강 유역 세력 등이 그것이다. 이 세 부류의 마한세력이 동시에 주도권을 차지한 것은 아니었다. 그래서 백제(百濟) 국가의 성장에 따라 그 중심 세력이 변화할 수밖에 없었다는 관점을 전제로 살펴볼 것이다.

먼저 온조왕 26년에 병합된 마한세력은 목지국으로 보인다. 목지국의 성격이나 위치의 해석은 여러 견해가 있다. 정약용(丁若鏞)과 한진서(韓鎭書) 등은 익산의 금마(金馬)가 마한의 도읍지였다는 점에 눈을 돌려 목지국을 익산으로 비정하였다. 그후 신채호(申采浩)는 익산 지방의 세력은 건마국(乾馬國)이고, 목지국은 공주 지역으로 보았다.

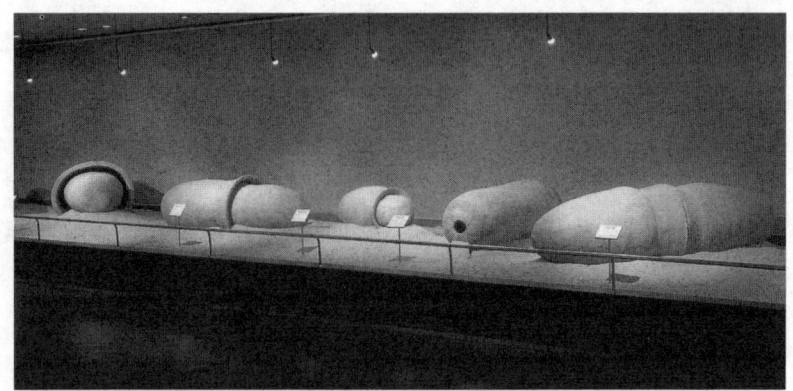
마한의 전통적 묘제인 영산강 유역에서 출토된 옹관전시 광경(국립광주박물관)

이어 구체적인 검토를 거쳐 내놓은 다른 견해의 목지국 위치는 직산(稷山)이다. 그러나 『신증동국여지승람』 직산현조의 '온조왕이 그곳 위례성에 도읍하고 나라를 세웠다'는 기록을 근거로 했기 때문에 문헌적으로 불완전하다는 비판이 제기되었다. 또 백제의 도읍지가 아니라고하여 진국(辰國)으로 비정하는 것과 문헌 및 고고학적 자료의 뒷받침부재 등을 들어 이 설의 문제점을 지적한 견해도 있다.

백제 왕계를 온조 이래 강남의 백제국과 비류계의 인천 중심설의 이중구조로 본 천관우(千寬宇)는 목지국을 인천에 비정하였다. 그러나 온조왕 26년에 병합된 마한을 목지국 세력으로 생각하면, 목지국의 중심지는 예산(禮山)이었을 것으로 추정된다. 예산 일원은 삽교천을 낀 예당평야(禮唐平野) 지역이라는 경제적인 장점을 지니고 있었다. 이는 일부 마한 지역 정복 이후 온조왕 36년 탕정성(온양)에 백성들을 살게 하고, 또 원산(圓山)과 금현(錦峴)의 2성을 수리한데서도 확인할 수 있다.

그리고 또 하나의 마한세력의 중심지는 금강 유역의 익산(益山) 지역으로 추정된다. 이는 『삼국사기』 권 24의 백제본기 제2에 나오는 근초고왕 24년 가을 9월조와 26년 겨울조 기사에서 얼마만큼 드러난다. 근초고왕대에 들어서면서 적극적인 영토 개척에 나서게 된다. 즉 369년 근초고왕이 보낸 근구수 태자가 고구려군을 치양에서 격파한다. 그리고 2년 후에는 근초고왕이 몸소 태자와 함께 정병 3만 명을 이끌고 고구려 평양성까지 진격하여 고국원왕을 전사시키는 전과를 기록하였다. 이같은 근초고왕의 대규모 전쟁 수행은 북쪽 지역으로만이 아니라 남쪽으로도 진행되었을 것으로 보인다.

백제가 근초고왕대(346~374년)에 들어서면서 고구려와의 군사적 긴장상태가 고조되는 와중에서도 배후기지의 확보를 위해 낙동강 유역으로 세력을 확산하는 매우 적극성을 보이는 사료가 있다. 『일본서기』 권 9의 신공황후(神功皇后) 49년(369년) 봄 3월조 기사가 그것이다. 이 기사를 빌려 백제가 한반도 남부 지역에서 전개한 일련의 군사행동이 근초고왕과 왕자 근귀수의 주도로 이루어졌음은 이미 지적한 바 있다. 이는 백제세력의 낙동강 유역 진출 사실을 분명히 하는 것이다. 백제는 전라도 방면 뿐만이 아니라 경상도 지역으로도 끊임없는 진출을 기도하였다. 근초고왕 20년(365년)에 전라남도 해안에 도달하는 과정에서 낙동강 중·하류 가야 지역 일부를 빼앗아 이들 세력을 포섭하기에 이른다. 그러나 근초고왕대에 이루어진 구(舊) 마한 지역 정벌이란 이 지역 전체를 백제의 영역으로 흡수한 것은 아니었다. 이때 완전 흡수한 마한세력은 영산강 이북의 금강 유역 세력권이었다. 그러니까 영산강 유역에 존재하였던 기존의 마한 토착세력이 완전 해체된 것으로 볼 수 없는 것이다. 근초고왕대의 구 마한 지역 정벌을 계기로 익산 중심의 금강 유역 세력은 지방관 파견에 따른 직접통제가 가능하였다. 그러나 영산강 유역 일대의 세력권은 여전히 독자적이거나, 백제의 간접지배 지역으로 남아 있게 되었다.

 이 지역에서는 4세기 이후에도 이전의 전통적인 묘제인 옹관묘(甕棺墓)가 계속 조영되었다는 사실에서도 이를 입증할 수 있다. 나주 신촌리(新村里)와 익산 입점리(笠店里) 옹관묘에서 나온 금동관의 주인공은 이 지역 수장급에 해당되는 유력한 재지세력들이었다.

 이들 지역에서는 백제 지방통치체제의 이원적(二元的) 양상이 보인다. 어쩔 수 없이 공납물을 헌상하는 등 복속의례를 갖추었던 이들은 백제로부터 보상차원의 대우를 받았을 것이다. 이는 구질서 및 토지 점유의 보장과 군사의 이용 등을 골자로 한 신속관계(臣屬關係)였을 것으로 보인다. 이와 같은 신속관계의 양상은 백제와 가야 사이에서도 찾아볼 수 있다. 그러나 백제 국왕으로부터 관직을 수여받아 지방으로 내려가 통치를 담당했던 담로제와는 다른 것이었다.

 또 다른 마한 중심 세력권으로 영산강 유역의 나주(羅州)를 생각할 수 있다. 목지국의 멸망으로 금강 유역으로 세력권이 넘어간 마한적 전통은 영산강 유역의 나주를 중심으로 맥을 이었을 것이다. 그러나 동성왕

나주 복암리 3호분 96 옹관석실 전경. 이 고 분에서 출토된 금제장 식과 은화관식은 백제 중앙세력과 관련된 것 이다.

과 무령왕대에 영산강 유역의 마한 잔존세력을 공략하였다. 그리고 사 비천도 이후에 5방체제가 실시되어 이 지역의 토착적 기반이 와해되었 다. 백제의 5방체제에서는 남방(南方)의 존재와 더불어 이 지역에 15개 정도의 군(郡)을 설치하는 것으로 나타났다.

　고고학적 유물인 관식(冠飾)의 변화에서도 이 지역의 정치적 변화를 감지할 수 있다. 나주 신촌리(新村里)와 익산 입점리에서 금동관이 나오던 옹관묘같은 묘제가 6세기 중엽 이후 점차 소멸된다. 그리고 나주 흥덕리(興德里)에서처럼 옹관묘 대신 횡혈식 석실분(橫穴式 石室墳)이 등장하면서 유물도 금제관식에서 은제관식으로 바뀐다. 이는 재지세력의 쇠퇴를 분명히 보여주는 것이다. 그래서 6세기 중엽 이후 영산강 유역의 마한세력마저 백제 중앙의 제도적 통치질서 속으로 편제되었음을 파악할 수 있다.

3. 촌락의 편제와 수취체제의 정비

1) 대민(對民) 통제의 필요성

영토와 국민 등 국가의 기본이 갖추어지면, 국가는 자기관리와 자기수호의 기능을 필요로 할 수밖에 없다. 영역의 울타리를 단단히 하면서, 바깥으로부터 침범하는 적을 막기 위한 국가질서의 유지와 함께 이해로 얽힌 인간사회의 분쟁조정과 치안(治安) 대책 등이 그것이다. 그리고 천재지변 등 예기치 않은 이변에 따른 재난 대책 따위도 국가의 몫이다. 이에 따라 내우외환(內憂外患)과 불의우발(不意遇發) 등 어려운 문제는 국가의 경제력과 맞물린다. 경제력 축적같은 국력은 물론 지배자인 민(民)으로부터 나온다. 그래서 국가의 대민통제(對民統制)는 필연적인 지배조건의 하나였다.

지방통치제도 역시 지배체제의 중요한 축이었고, 대민통제의 수단이

기도 하였다. 이들 민으로서의 백성은 조세와 역원의 원천으로서 국가의 주요 재원이 되었다. 따라서 이들의 통제력 강화는 지방통치의 필수조건으로 작용하였다.

온조왕 31년(13년)과 33년(15년)에 형성된 동·서·남·북부의 부제(部制)는 중앙에서 방위를 목적으로 그었던 인위적인 분획이었다. 중앙과 함께 전국을 5부로 나눈 지방통치구획 단위였던 것이다. 이러한 성격을 지닌 백제 초기의 부는 지방통치 구획으로서의 군사행동뿐 아니라 요역의 동원단위가 되었다.

『삼국사기』 백제본기에 등장하는 요역은 주로 축성을 위한 동원기록이다. 『삼국사기』 권 23 백제본기 제1에는 다루왕 29년(56년) 봄 2월의 기록과 초고왕 45년(210년) 봄 2월에 왕이 동부에 명령하여 우곡성(牛谷城)을 축조한 기록이 보인다. 우곡성은 말갈과의 교전지로서 기루왕 32년(108년)과 구수왕(229년)에도 등장하는 지역이다. 이는 말갈의 침입에 대비하기 위한 축성이었음을 알 수 있다. 이처럼 부는 요역 동원의 행정단위로서의 실제적 기능을 담당했던 것이다.

그런데 삼국시대 민(民) 신분층은 기근 등의 자연재해에 시달렸다. 이같은 상황이 악화되었을 때는 이를 벗어나기 위해 타지로의 이동을 시도하기가 일쑤였다. 국내에서의 이동은 '유망(流亡)'이라는 형태로 나타났으며, 국가간의 이동도 자주 발생하였다. 백제 지역에서는 고구려와 신라 지역으로 이동하는 예가 많았다. 유망이란 농민들이 사회·경제적인 요인과 자연재해 등으로 생존기반을 점차 상실하여 현거주지에서 더 이상 버틸 수가 없을 때 거주지를 자의적으로 이탈하여 다른 곳으로 옮겨가는 행위이며, 이들 유망민을 일컬어 유민이라고도 하였다. 유민의 입장에서의 타지 생활은 말이 아니었다. 거주지와 삶으로서의 생계수단의 변화는 물론 경우에 따라서는 자신의 신분도 바뀌었다. 그리고 국가의 파악내지는 통제에서 벗어나 유리걸식(流離乞食)하는 처지로 전락하였다.

이러한 유망 현상은 재난상황에서 민(民)이 국가의 도움을 전혀 보장받지 못할 때 일어나는 비극적인 일이었다. 가끔 정치적인 망명도 있었다. 그러나 유망은 주로 가뭄이나 홍수, 또는 전쟁으로 인한 고역, 질병과 병충해 등으로 자신의 삶을 안정적으로 보장받지 못할 때 일어났던 것이다.

『삼국사기』 백제본기를 보면, 백제 유민들이 한강 이북 지역으로 유망하는 경우를 제외하고는 주로 신라로 들어갔다. 이들 유망민들에게는 어떤 정치적 목적이나, 특정 나라를 가릴 겨를도 없었다. 생존을 위한 불가피한 탈출이었기 때문에 우선 지리적으로 가까운 지역을 선택하였다. 당시 신라는 수리시설의 확충은 물론 경주 지역을 중심으로 각지에서 저습지 개발 등 농경지 확보에 힘을 기울였다. 또한 철제 농기구의 사용이나 우경의 확대로 농업 생산력이 증대되어 인구 부양능력이 높았다. 이 때문에 백제의 유망민들이 신라로 몰렸던 것이다.

대규모의 유망은 시기적으로 5월에서 7월에 주로 이루어졌다. 가뭄이나 홍수 등으로 한 해의 농사를 망칠 조짐이 보이는 이맘 때가 유망의 계절이 되었을 것이다. 규모도 몇 가구 또는 몇십 명의 유망만 있었던 것은 아니다. 6백~1천 명에 이르는 대규모의 유망기록도 있다. 이때 기록에서 빠진 소규모의 유망을 고려한다면, 유망민의 숫자는 더 많았는지도 모른다.

삼국이 각축을 벌일 무렵 백제는 농업의 의존성이 고구려나 신라에 비해 높았다. 그래서 자연재해란 삶의 기본적인 발판을 송두리로 무너뜨리는 것이었다. 고구려나 신라에 비해 유망기록이 백제 측에서 더 많이 보이는 것은 이 때문일 것이다.

그런데 유망은 치자(治者)가 파악하지 못한 가운데 통제에서 벗어나는 결과를 초래하였다. 이를테면 유망을 포기한 채 도적의 무리같은 국가가 전혀 바라지 않는 불필요한 주민으로 전락하고 말았던 것이다.

고이왕 시기에는 도적질을 하다가 체포된 자에 대하여 절도액의 3배에 달하는 보상과 종신토록 금고(禁錮)하는 벌칙을 마련하였다. 이는 보다 적극적인 처벌로 도둑질을 막자는 것이었다. 그리고 원인제거의 차원에서 왕이 어루만져 평안케 하였다는 이른바 '왕무안지(王撫安之)'의 시책도 병행하였다. 이 시책은 한해(旱害) 따위의 재해가 발생했을 때 창고를 열어 곡식을 나누어주고, 그 해의 세금을 면제하는 등의 구체적인 모습으로 나타나기도 하였다.

또한 순무(巡撫) 등을 통해 통치영역을 확인하는 등 민심수습에도 노력하였다. 『삼국사기』 백제본기를 보면, 다루왕 11년(38년)에는 흉년이 들어 동·서 두개의 부(部)를 순무했다는 내용이 나온다. 민심 수습을 통한 대민통제 의도도 깔려 있었을 것이다. 비유왕 2년의 4부(部) 순무역시 민에 대한 통제와 통치영역의 확인 행위였다.

이렇듯 백성은 조세와 역역의 원천으로 국가 운영에 필요한 재원이기도 하였다. 그래서 이들의 동태를 파악하고, 통제하는 일은 늘상 요구되었다. 이와 더불어 국가는 천재지변 등 예기치 않은 이변과 재난을 예방하거나 대비하는 일도 대민통치의 하나로 강구했던 것이다.

2) 수취체제의 정비

대민통제의 필요성은 국가의 물적·인적자원의 유기적인 관리를 위해 팔연적으로 제기되었다. 그리고 이는 조세(租稅)와 역역(力役) 등 수취체계를 통해 구체적인 통치행위로 이루어졌다. 그래서 지방통치제도의 일반적인 특징 가운데 하나를 꼽자면, 수취체제의 정비일 것이다.

백제가 처음 지방통치조직을 편제하였을 때 토대가 된 것은 소국들이었다. 백제는 이 소국들을 통합하여 수장들을 지배체제 내의 성(城)으로 편입시켰다. 그리고 담로를 설치한데 이어 지방관을 파견하였던 것이다.

백제의 촌락사회는 성(城)과 촌(村)으로 편제하였다. 이러한 사실을 짐작케 해 주는 자료는 바로 〈광개토대왕비문〉에 보이는 58성 700촌이다. 이 58성 700촌은 광개토대왕이 백제를 공격하여 격파한 성과 촌의 숫자이다. 그런데 이때의 성은 '지역단위로서의 성'이라고 할 수 있다. 이들 58성 대 700촌의 비례를 따지면, 1개의 성이 대략 10여 개의 촌으

부여 궁남지 유적 전경. 백제 말기인 634년에 왕궁의 남쪽 별궁에 만든 사비도성의 궁원 유적으로 백제시대의 논과 도랑 흔적이 확인되었다.

로 이루어졌다고 할 수 있다. 이렇게 볼 때 지방통치조직의 기본단위는 촌이었다고 할 수 있겠다.

그런데 백제는 앞에서 언급한 것처럼 사비시대에 들어와서는 보다 객관적인 기준을 두어 방-군-성(현)을 중심으로 하는 5방체제를 갖추었다. 이 과정에서 종래의 지역단위로서의 성이나 촌 가운데 전정과 호구가 현(縣)이 될만한 곳을 가려 지방통치조직으로 재편제하였던 것이다. 『삼국사기』 지리지 백제군현조에 나오는 군·현명에서 성을 의미하는 지(知)·기(己)·기(支) 등이 붙는 명칭과 촌을 의미하는 부리(夫里)와 촌(村) 등이 붙는 군현의 명칭은 이러한데서 연유한 것으로 보인다.

사비시대 왕도의 행정구획인 부제(部制)가 있었음을 알려주는 부여에서 출토된 '전부'명 표석(국립
부여박물관)

 이와 같이 지방통치조직을 정비한 것은 수취체계의 필요성 때문이었
다. 이 수취체제의 정비는 농업 생산력의 발전을 전제로 한 것이다.
1995년에 출토된 궁남지 출토 유물인 목간 묵서명의 내용 가운데 왕도
5부제와 함께 주목되는 것이 수전(水田)의 존재이다. 일반적으로 밭에
서 재배하는 육도(陸稻)는 농경기술이 발달한 후대에 개발한 품종이고,
삼국시대 벼농사의 주된 형태는 수전이었다.
 이미 4~5세기 무렵에 이르면 삼국은 철기 제작기술의 발달에 따라 철
제의 농기구들이 대량으로 생산 보급되었다. 특히 쇠삽날의 보편화로
새로운 형태의 저수지 시설과 수로의 개척이 가능하게 되었다. 안정적
인 생산 보장과 함께 대규모 수전을 개발하게 되었다.
 백제에서도 일찍이 온조왕대부터 생산력 확보를 위해 부단한 관심을

기울였음을 알 수 있다. 특히 다루왕 6년에는 '처음으로 도전(稻田)을 만들게 하였다'는 기록이 보인다. 일찍부터 수전사업에 관심을 보였던 것이다. 그래서 수전개발을 위해 제방을 축조하는 등 수리시설 확보에 도 힘을 기울였다.

이와 같은 수전의 개발은 기록에만 보이는 것이 아니라, 고고학 발굴 에서도 나타난다. 실제 백제의 수전 유구가 1991년 궁남지 2차 발굴조 사에서 드러나 자연소택 가장자리 및 수전지의 일부가 확인되었다. 그 리고 1995년에도 궁남지 내부 조사에서도 2개소의 수로와 그 사이에 가 로 놓인 목조 시설물이 발굴되어 관개시설의 일부로 추정한 바 있다.

1995년 궁남지 출토 목간에 기록된 수전을 빌려 『삼국사기』에 나오는 백제 농업 생산력 관련사료들의 성격을 확인할 수도 있다. 이 목간자료 는 수전연구의 한 사례를 제공할 것이다. 그렇다면 목간 묵서명에 보이 는 매라성(邁羅城) 법리원(法利源)도 수전 지역일 가능성이 크다. 그리 고 목간에 묵서명으로 나오는 서부(西部) 후항(後巷) 등은 백제 5부와 이들 각 부에 5항을 두었다는 역사기록과 일치한다.

『삼국사기』 잡지(雜志) 지리부분에 들어맞는 지명도 보인다. 당나라가 백제 고지(故地)에 설치할 계획이었던 웅진도독부(熊津都督府) 13현 가 운데 9번째인 매라현(邁羅縣)이 그것이다. 매라현은 『삼국사기』에서 지 명 비정이 어려웠기 때문에 그 구체적인 지역을 밝히기가 곤란하였다. 그러나 웅진도독부 소속 13현 가운데 청양(靑陽)이나 비인(庇仁) 근처의 어떤 지역이었음을 알 수 있다. 또한 목간에 보이는 매라성(邁羅城)은

『남제서』동남이조(東南夷條)에 나오는 행정로장군 매라왕(行征虜將軍邁羅王)과도 연결시켜 볼 수 있다. 동성왕(東城王)이 건무(建武) 2년(495)에 남제(南齊)에 표를 올려 사법명(沙法名)을 매라왕(邁羅王)에 봉한 점 등을 고려하면, 매라성은 백제의 지방통치체제와 밀접한 관련을 갖는 동시에 부여에서 그리 멀지않은 지역으로 추정된다. 이러한 상황에서 매라현을 보령군 남포면(保寧郡 藍浦面)에 비정한 견해는 많은 참고가 될 수 있다.

그리고 법리원(法利源)이라는 지명도 『삼국사기』등의 기록에는 나오지 않는다. 그러나 원(源)이라는 지명과 관련해 보면 이 일대가 수전으로 가꾸기에는 더없이 적합한 지역이었다는 것을 확인할 수 있다.

한편 목간에 보이는 중구(中口)와 하구(下口)는 호구와 관련시켜 생각해 볼 수 있지 않을까 한다. 중구와 하구에 대한 해석은 다양할 수도 있다. 그러나 궁남지 출토 목간 묵서명의 '중구 4, 하구 2'가 대구를 이룬다는 점을 착안하면, 백제에서도 역시 상·중·하라는 어떤 수직적 기준에 따라 구(口)가 편제되었을 가능성이 보인다. 그런데 백제에서는 이미 편호제(編戶制)가 시행되었을 가능성을 보여주는 사료들을 찾아볼 수 있다.

『삼국사기』도미(都彌) 열전에는 백제에서 고구려로 피난한 도미부부(都彌夫婦) 이야기가 나온다. 그런데 이들 부부는 백제의 '편호소민(編戶小民)'으로 기록되어 있다. 또한 『일본서기』계체기 3년조에 나오는 '부도절관삼사세자 병천백제부관(浮逃絕貫三四世者 並遷百濟附貫)'에서

당나라 백제를 평정한 내용을 탑신에 기록한 정림사지 5층 석탑

'관(貫)'이라는 기록을 주목할 필요가 있다. 이는 백제에서의 편호제 실시를 가늠케 하는 자료일 수도 있을 것이다. 그런데 무령왕 10년 봄 정월에 '내외(內外) 유식자(游食者)의 귀농(歸農)' 조처를 내린다. 이를 『일본서기』계체기 3년조의 기록과 연결시켜 본다면, 관(貫)에서 떨어져 나가 통제가 어려운 유식자들을 원래의 위치로 돌려 국가의 관리체계로 흡수한 조처로 생각된다.

한편 정림사지(定林寺址) 5층 석탑 명문(銘文)에는 당나라가 '무릇 5도독(都督) 37주(州) 250현(縣)을 두고, 호(戶) 24만과 구(口) 620만을 각각 편호(編戶)로 정리하여 모두 오랑캐의 풍속을 바꾸게 했다'라는 기록이 남아 있다. 이 때의 편호제도 당나라에 의해 처음 실시된 것이 아니라, 백제에서 시행되었던 방식을 개편한 것으로 보인다. 그리고 궁남지 출토 목간에 보이는 '중구사 하구이(中口四 下口二)'에서의 구(口)도 호구의 의미로서 파악되어야 할 것이다.

사비시대 부(部)와 항(巷)의 존재를 알려주는 궁남지 출토 목간(국립부여박물관)

이 목간에 보이는 중구와 하구는 상·중·하를 나타내는 호등(戶等)으로 볼 수 있을 것이다. 이같은 '중구와 하구'는 고구려에서도 재산의 크기에 따라 3등호제를 매겨 조세수취의 기준으로 삼은 일이 있다. 그래서 백제에서도 3등호제가 실시된 것이 아닌가하는 추측이 가능한 것이다.

이 시대의 농업은 토지 생산력보다 주로 노동 생산력에 기대었다. 이를테면 다수인의 집단노동을 필요로 하는 노동집약의 영농이었던 것이다. 따라서 궁남지 출토 목간 묵서에 보이는 것처럼 왕은 수전을 하사하면서, 이를 경작할 노동력 동원까지 배려한 것으로 생각된다. 또한 중구와 하구가 호등을 의미하는 것일지라도 역역과 관련한 것으로 해석할 수 있을 것이다. 이때 역역에서 동원대상은 정남(丁男)이었기 때문에 중호(中戶)와 하호(下戶)를 쓰지 않고, 정남(丁男)을 표시하는 '구(口)'를 표시하여 중구와 하구라고 기록한 것이 아닌가 한다. 『세종실록 지리지』에서도 구(口)는 모두 정남(丁男)을 지칭하였다. 그래서 성인 환산 노동단위를 1로 따지는 농업 노동력으로 보았다. 이같이 백제에서도 부역과 과세 및 농업 노동력의 확보를 목적으로 고구려의 3등호제와 같은 대민 편제방식을 채택했을 것이다. 이는 궁남지 출토 목간을 빌려 추론해 볼 수 있다.

중구와 하구의 문제와 관련지어 검토되어야 할 부분은 궁남지 목간에 보이는 귀인(歸人)의 실체에 관한 것이다. 귀인은 아무런 설명이 없고, 용어만 보여 실체를 파악하는 일은 그리 쉽지가 않다. 다만 사료상에서 귀인을 찾아보면, 신라나 고구려로부터 넘어온 귀화인의 존재일 것이다. 백제 동성왕 21년에 흉년으로 인해 고구려로 도망간 백성들이 2천 명이었다. 이와 같이 흉년을 틈타거나 또는 죄를 짓고 신라나 고구려에서 백제로 넘어오는 사람들도 많았을 것이다.

『일본서기』계체기 3년조 기록에서도 귀인의 실체를 추론해 볼 수 있다. 계체 3년은 무령왕 9년(509)으로 임나(任那) 지역의 백제 백성들을 귀가시켜 호적에 다시 올리는 조치를 취한 것이다. 따라서 관(貫)에서 이탈했다가 다시 돌아온 사람이라는 의미에서 이들을 '귀인(歸人)'으로 파악했을 가능성을 배제할 수 없다. 그리고 전쟁포로의 경우를 들 수 있다. 포로들을 전쟁의 수획물로 장군들에게 나눠주기도 하였으나, 성(城)을 함락시켜 많은 포로들을 생포했을 때는 사정이 달랐던 것 같다. 의자왕 2년에는 사로잡은 남녀 1천여 명을 국서(國西)의 주현에 나누어 살게 하였다. 따라서 이들을 일반 백성들과는 달리 특별한 관리 대상으로 삼아 귀인(歸人)으로 파악하였을 가능성도 있다. 그러나 위에서 처럼 귀인(歸人)을 정확하게 가리는 문제는 좀 더 고찰되어야 할 부분이다. 일반민과는 달리 귀인으로 치부되었던 부류가 존재했다는 것은 백제 국가가 호구 파악에 얼마나 부심하였는가를 보여주는 대목이다.

이와 같이 백제는 호구 파악을 토대로 노동력 징발과 공물 수취의 편의를 위해 편호제를 실시하였던 것이다. 편호는 국가가 수취를 위해 인위적으로 만든 행정호(行政戶)이다. 『삼국사기』 도미전(都彌傳)에 보이는 "편호소민(編戶小民)"이라는 기사와 정림사지 5층석탑에 새긴 "편호(編戶)를 각각 균등히 하였다"란 기록에서 백제의 편호사실을 확인할 수 있다. 또한 축성기사에서 자주 동원되는 연령은 15세 이상으로 기록되어, 정남(丁男)의 기준도 마련되어 있었음을 알 수 있다. 따라서 백제에서도 부역과 과세 및 농업 노동력의 확보를 목적으로 3등호제와 같은 대민 편제방식이 실행되었던 것으로 보인다. 그리고 이러한 대민통제의 강화를 위해 지방통치제도의 정비에 힘썼던 것이라고 할 수 있다.

『삼국사기』에 나오는 백제의 호구 관계 사료를 보면, 멸망 당시의 호구는 76만호였다. 그러나 정림사지 5층석탑 명문에는 '호는 24만, 인구는 620만'이라고 기록되어 있다. 한편 『삼국유사』에는 백제 전성기의 호수를 '15만2천3백호'로 기록하였다. 이렇듯 호수에 차이가 나는 것은 먼저는 자연호를 따진 것이고, 다음은 편호를 기록한 데서 비롯된 현상인 것으로 보인다.

이 시기의 백제가 호구와 토지를 파악할 때 각 호를 단위로 하였는지, 아니면 촌락을 기본단위로 하였는지는 분명하지 않다. 신라의 경우 비록 통일 이후의 것이지만, 촌락문서(村落文書)는 촌락을 단위로 호구와 우마(牛馬)와 전답(田畓)을 파악하고 있었다. 따라서 이 시기의 백제도 아마 촌락을 단위로 하여 호구와 전답을 파악하지 않았을까 한다.

이와 같이 전국적인 규모로 호구(戶口)와 전정(田丁)을 파악하는 작업은 각 지방관의 책임 아래 이루어졌을 것이다. 그리고 호구와 관련하여 각 지방관들이 올리는 보고서를 접수하고 이를 총괄하는 부서는 외관 10부 가운데 하나인 점구부(點口部)였을 것으로 보인다. 이와 같이 전정과 호구의 파악을 토대로 지방통치와 수취가 이루어짐에 따라 재지세력들의 독립성도 점차 약화되었다. 그래서 재지세력들은 방령이나 군장 또는 도사(성주) 아래의 방사(方司)·군사(郡司)·성사(城司) 등에 참여시켰다. 이들은 지방관이 조세 수취와 노동력 징발 등의 공적 업무를 수행하는데 실무적인 역할을 하였을 것이다.

이상에서 고찰한 바와 같이 백제 지방통치체제는 중앙정치조직의 정비와 맥락을 같이하면서 정비되었다. 백성은 조세(租稅)와 역역(力役)의 원천으로 국가 운영의 주요한 재원이었다. 이들에 대한 파악과 효율적인 통제력의 수행은 국가운영의 필수적 조건이었기 때문에 정치적으로 부단한 노력을 기울였다. 그래서 국가는 천재지변 등 예기치 않은 이변과 재난을 예방 또는 대비하기 위해 지방통치제도의 정비 등 대민통제에 여러 수단을 강구하게 되었던 것이다.

백제에서는 관직과 관등제도 등 중앙정치조직의 정비를 바탕으로 지방관을 파견하여 중앙정치조직과 지방통치제도와의 유기적인 운영을 시도하였다. 백제 지방통치체제의 가장 주요한 성격은 군사적 기능이었다. 5부제와 담로제에 이은 5방체제는 지방행정구역이었지만, 고구려·백제·신라의 삼국이 각축하고 있던 시대적 상황에서는 고대의 행정제도 및 지방제도는 군사적 성격을 강하게 띨 수밖에 없었다. 그러나 백제 국가의 성장과정에서는 고구려와 신라뿐 아니라, 토착적 기반을 가진 마한세력이라는 또 하나의 장애물이 가로 놓여 있었다. 그래서 백제는 부여계 유이민으로서의 전통과 토착적 기반을 다지는 가운데 간접 또는 직접 통치방법을 빌려 마한세력을 융합하는데 노력을 경주하였던 것이다.

이러한 과제들이 가로놓여 있었기 때문에 백제 국가는 중앙통치조직과 지방제도적 성격의 5부제를 일찍이 마련하였다. 그럼에도 불구하고 군현제적 체제를 갖춘 지방통치체제의 실시는 삼국 가운데 가장 늦었던 것으로 보인다. 이는 백제가 끌어안지 않을 수 없었는 지정학적 한계성 때문이었을 것이다.

참고문헌

1. 사서류(史書類)

『삼국사기』(三國史記)『삼국유사』(三國遺事)『고려사』(高麗史)

『세종실록 지리지』(世宗實錄 地理志)

『신증동국여지승람』(新增東國輿地勝覽)『대동지지』(大東地志)

『여지도서』(輿地圖書)『동사강목』(東史綱目)『해동역사』(海東繹史)

『후한서』(後漢書)『삼국지』(三國志)『위서』(魏書)『진서』(晉書)

『남사』(南史)『북사』(北史)『양서』(梁書)『송서』(宋書)『수서』(隋書)

『구당서』(舊唐書)『신당서』(新唐書)『한원』(翰苑)『자치통감』(資治通鑑)

『일본서기』(日本書紀)

2. 자료집 및 보고서

駕洛國史蹟開發硏究院, 1992, 『譯註 韓國古代金石文』第1·2卷

駕洛國史蹟開發硏究院, 1994, 『日本 六國史 韓國關係記事』

경희대 전통문화연구소, 1986, 『東夷傳 백제관계 자료』, 경희대 전통문
　　　　　　　　　　화연구소

국립중앙박물관 편, 『백제』, 1999

國史編纂委員會, 1980, 『譯註 中國正史 朝鮮傳』1·2

金元龍·任孝宰·林永珍, 1987, 『夢村土城−東北地區發掘調査報告−』, 서
　　　　　　　　　　울大學校博物館

金元龍·任孝宰·朴淳發, 1988, 『夢村土城−東南地區發掘調査報告−』, 서
　　　　　　　　　　울大學校博物館

金元龍·任孝宰·朴淳發·崔鍾澤, 1989, 『夢村土城−西南地區發掘調査報
　　　　　　　　　　告』, 서울大學校博物館

夢村土城發掘調査團, 1984, 『整備·復元을 위한 夢村土城發掘調査報告
　　　　　　　　　　書』

夢村土城發掘調査團, 1985, 『夢村土城發掘調査報告書』

文化公報部·文化財管理局, 1978, 『雁鴨池』발굴조사 보고서

文化財硏究所·慶州古蹟發掘調査團, 1985, 『月城垓字試掘調査報告書』

百濟文化開發硏究院, 1982, 『백제연구논저총람』

百濟文化開發硏究院, 1985, 『百濟史料集』

『書體字典』, 1983, 美術文化院

徐聲勳・申光燮, 1984, 「表井里 百濟廢古墳調査」『中島』V

安承周・李南奭, 1993, 『論山茅村里百濟古墳群 發掘調査報告書』(Ⅰ)(Ⅱ),
　　　　　　百濟文化開發硏究院.

安承周・李南奭, 1988, 『論山六谷里百濟古墳 發掘報告書』, 百濟文化開發
　　　　　　硏究院

諸橋轍次, 1959, 『大漢和辭典』, 大修館書店

趙由典・南時鎭, 1990, 『月城垓字發掘報告調査書』Ⅰ

漢陽大學校・京畿道, 1991, 『二城山城』3次發掘報告書

許興植, 1984, 『韓國金石全文』, 亞細亞文化社

黃壽永, 1976, 『韓國金石遺文』, 一志社

3. 연구서

姜仁求, 1977, 『百濟古墳硏究』, 一志社

金貞培, 1973, 『韓國民族文化의 起源』, 高麗大 出版部

金貞培, 1980, 『韓國古代史論의 新潮流』, 高麗大 出版部

金貞培, 1986, 『韓國古代의 國家起源과 形成』, 高麗大 出版部

金哲埈, 1975, 『韓國古代社會硏究』, 知識産業社

金鉉球, 1985,『大和政權の對外關係』, 吉川弘文館

金鉉球, 1993,『任那日本府硏究-韓半島南部經營論批判-』, 一潮閣

김현구·박현숙·우재병·이재석, 2002,『일본서기 한국관계기사 연구
(Ⅰ)』, 일지사

김현구·박현숙·우재병·이재석, 2003,『일본서기 한국관계기사 연구
(Ⅱ)』, 일지사

김현구·박현숙·우재병·이재석, 2004,『일본서기 한국관계기사 연구
(Ⅲ)』, 일지사

盧重國, 1988,『百濟政治史硏究』, 一潮閣

노중국 외, 1995,『한국사』 6(백제편), 국사편찬위원회

都守熙, 1987·1989,『百濟語硏究』(Ⅰ·Ⅱ), 百濟文化開發硏究院.

都守熙, 1994,『百濟語硏究(Ⅲ)-王名·國號 等의 語彙論을 中心으로-』,
百濟文化開發硏究院.

申瀅植, 1981,『三國史記 硏究』, 一潮閣

申瀅植, 1984,『韓國古代史의 新硏究』, 一潮閣

申瀅植, 1992,『백제사』, 이화여대출판부

박현숙, 1999,『백제이야기』, 대한교과서

俞元載, 1993,『中國正史 百濟傳 硏究』, 학연문화사

李康來, 1996,『三國史記 典據論』, 民族社

李基白·李基東, 1982,『韓國史講座』Ⅰ(古代篇), 一潮閣

李南奭, 1995,『百濟 橫穴石室墳 硏究』, 學硏文化社

李道學, 1995, 『백제 집권국가 형성 연구』, 一志社

李丙燾, 1959, 『韓國史』 古代篇, 震檀學會

李丙燾, 1976, 『韓國古代史研究』, 博英社

李丙燾, 1977, 『國譯 三國史記』, 乙酉文化社

李元根, 1981, 『三國時代 城郭研究』, 文化孔出版社

李春植, 1986, 『中國 古代史의 展開』, 新書苑

李鎬澈, 1986, 『朝鮮前期農業經濟史』, 한길사

李弘鍾, 1996, 『청동기사회의 토기와 주거』, 서경문화사

李弘植, 1971, 『韓國古代史의 研究』, 신구문화사

全德在, 1996, 『新羅六部體制研究』, 一潮閣

全海宗, 1980, 『東夷傳의 文獻的 研究』 上, 一潮閣

丁若鏞, 1970, 『與猶堂全書』 6, 景仁文化社(影印)

千寬宇, 1989, 『古朝鮮史 · 三韓史研究』, 一潮閣

千寬宇, 1991, 『加耶史研究』, 一潮閣

충남대 백제연구소, 1993, 『백제사의 비교연구』

崔光植, 1994, 『고대한국의 국가와 제사』, 한길사

崔夢龍 · 沈正輔 편, 1991, 『백제사의 이해』, 학연문화사

崔在錫, 1987, 『韓國古代社會史研究』, 一志社

輕部慈恩, 1971, 『百濟遺跡의 研究』

鬼頭清明, 1990, 『木簡』, ニュー · サイエンス社

今西龍, 1934, 『百濟史研究』, 近澤書店

東野治之, 1983, 『日本古代木簡の研究』, 塙書房

末松保和, 1961, 『任那興亡史』, 吉川弘文館

百濟史研究會 編, 1979, 『百濟史の研究』, 國書刊行會

井上秀雄 外, 1974, 『東アジア民族史』, (東京：平凡社)

陳茂同, 1988, 『歷代職官沿革史』, 華東師範大學出版社

坂元義種, 1978, 『百濟史の研究』, 塙書房

坂元義種, 1978, 『古代東アジアの日本と朝鮮』, 吉川弘文館

4. 연구 논문

姜鳳龍, 1987, 「신라 中古期 州制의 형성과 운영」『韓國史論』16

姜鳳龍, 1994, 『新羅 地方統治體制』, 서울대 박사학위 논문

姜仁求, 1993, 「백제 초기 都城문제 新考」『韓國史研究』81

姜鍾薰, 1995, 「『三國史記』 초기기록에 보이는 '樂浪'의 실체-진한연맹
　　　　체의 공간적 범위와 관련하여-」『三韓의 社會와 文化』

高柄翊, 1970, 「中國正史의 外國列傳-朝鮮傳을 中心으로-」『東亞交涉史
　　　　의 研究』, 서울大出版部

權五榮, 1986, 「초기 백제의 성장과정에 관한 일고찰」『한국사론』15

權五榮, 1988, 「4세기 百濟의 地方統制方式 一例-東晉靑瓷의 유입경위

　　　를 중심으로-」『韓國史論』18

權兌遠, 1988,「百濟의 木簡과 陶硯에 대하여」『黃壽永博士古稀記念美術
　　　史學論叢』

琴京淑, 1989,「高句麗 “邢”에 관한 硏究」『江原史學』5

琴京淑, 1995,「高句麗前期의 政治制度 硏究」, 高麗大學校 博士學位論文

金起燮, 1990,「백제전기 都城에 관한 일고찰」『靑溪史學』7

김기섭, 2004,「백제 漢城朝 연구 동향과 과제」『百濟文化』33집

金基興, 1991,『삼국 및 통일신라 세제의 연구』, 역사비평사

金杜珍, 1990,「百濟始祖 溫祚神話의 形成과 그 傳承」『韓國學論叢』13

金杜珍, 1990,「百濟 建國神話의 復元試論」『國史館論叢』13

金秉柱, 1984,「羅濟同盟에 관한 硏究」『韓國史硏究』46

金壽泰, 1993,「百濟 義慈王代의 太子冊封」『百濟硏究』23

김수태, 2004,「사비시대 백제사연구의 성과와 과제」『百濟文化』33집

金暎遂, 1957,「百濟 國都의 變遷에 대하여」『全北大論文集』1

金英心, 1990,「5~6세기 백제의 지방통치체제」『한국사론』22, 서울대
　　　국사학과

金瑛河, 1988,「三國時代 王의 統治形態硏究」, 高麗大學校 博士學位論文

金元龍, 1975,「百濟 建國地로서의 漢江下流地域」『百濟文化』7 · 8

金龍國, 1981,「夢村土城에 대하여」『鄕土서울』39, 서울특별시사 편찬
　　　위원회

金龍國, 1983,「河南慰禮城考」『鄕土서울』41, 서울특별시사 편찬위원회

金侖禹, 1993,「河北慰禮城과 河南慰禮城고」『史學志』26

金貞培, 1968,「辰國과 韓에 關한 考察」『史叢』12·13

金貞培, 1969,「朝鮮·肅愼의 民族的 性格」『李弘稙博士回甲紀念 韓國史
　　　　學論叢』, 新丘文化社 ; 1973, 『韓國民族文化의 起源』, 高麗大 出
　　　　版部

金貞培, 1975,「百濟建國의 諸問題」『百濟文化』7·8

金貞培, 1976,「『三國史記』에 보이는 '國'의 解釋問題」『韓國古代의 國家
　　　　起源과 形成』, 高麗大 出版部

金貞培, 1977,「衛滿朝鮮의 國家的 性格」『史叢』21·22, 『韓國 古代의 國
　　　　家起源과 形成』

金貞培, 1985,「目支國小考」『千寬宇先生還曆紀念 韓國史學論叢』

金貞培, 1988,「高句麗와 新羅의 영역문제」『韓國史研究』61·62

金廷鶴, 1958,「北方 亞細亞 民族考」(二)『亞細亞研究』2

金廷鶴, 1981,「서울 近郊의 百濟遺蹟」『鄕土서울』39

金在弘, 1995,「신라 중고기의 低濕地 개발과 촌락구조의 개편」『韓國古
　　　　代史論叢』7

金周成, 1990,「百濟 泗沘時代 政治史研究」, 전남대 박사학위논문

金周成, 1992,「百濟 地方統治組織의 변화와 地方社會의 再編」『國史館論
　　　　叢』35

金昌鎬, 1992,「二聖山城 출토의 木簡 年代 問題」『韓國上古史學報』10

金哲埈, 1975,「百濟社會와 그 文化」『韓國古代社會研究』, 知識産業社

金鉉球, 1991,「『神功紀』加羅七國平定記事에 관한 一考察」『史叢』39輯

金賢淑, 1993,「高句麗 初期 那部의 分化와 貴族의 姓氏」『慶北史學』16

盧明護, 1981,「百濟의 東明神話와 東明廟」『歷史學研究』Ⅹ

盧明鎬, 1991,「百濟 建國神話의 原形과 成立背景」『百濟史의 理解』, 學研文化社

盧重國, 1978,「百濟王室의 南遷과 支配勢力의 變遷」『한국사론』4

盧重國, 1981,「高句麗・百濟・新羅사이의 力關係變化에 대한 一考察」『東方學志』28

盧重國, 1981,「泗沘時代 百濟支配體制의 變遷」『韓沍劤博士停年紀念 史學論叢』, 知識産業社

盧重國, 1983,「解氏와 扶餘씨의 王室交替와 初期百濟의 成長」『金哲埈博士回甲紀念 史學論叢』

盧重國, 1985,「漢城時代 백제의 지방통치체제-檐魯體制를 중심으로-」『邊太燮博士華甲紀念 史學論叢』, 三英社

盧重國, 1987,「馬韓의 成立과 變遷」,『馬韓・百濟文化』10

盧重國, 1988,「統一期 新羅의 百濟 古地支配-三國史記 職官志・祭祀志・地理志의 百濟關係 記事分析을 중심으로-」『韓國古代史研究』1, 韓國古代史研究會

盧重國, 1991,「百濟 武寧王代의 집권력 강화와 경제기반의 확대」『백제문화』21

盧重國, 1991,「漢城時代 百濟의 檐魯制 實施와 編制基準」『啓明史學』2

盧重國, 1995, 「『三國史記』의 百濟 地理關係 記事 檢討」『三國史記의 原典檢討』

都守熙, 1976, 「백제어 연구」『백제연구』7, 충남대 백제연구소

都守熙, 1983, 「백제어의 白・熊・泗沘・技伐에 대하여」『백제연구』7

都守熙, 1985, 「百濟語の買・勿について」『어문론집』24・25

都守熙, 1994, 『百濟語研究(Ⅲ) - 王名・國號 等의 語彙論을 中心으로 - 』, 百濟文化開發研究院

동국대학교 경주캠퍼스 박물관, 1994, 「경주 皇南洞 376遺蹟 발굴조사 중간발표문」

閔德植, 1995, 「『三國史記』 木柵關係 記事의 考察」『韓國上古史學報』19

朴京哲, 1988, 「高句麗 軍事力量의 再檢討」『白山學報』35

朴龍雲, 1996, 「고려시대 開京의 部坊里制」『韓國史學報』창간호

朴性鳳, 1985, 「東夷傳 百濟關係 記事의 정리연구」『百濟論叢』1

朴性鳳, 1986, 「東夷傳 百濟關係 資料」『韓國研究資料叢刊』7집

朴淳發, 1996, 「백제 도성연구」『百濟歷史再現團地造成 調查研究 報告書』 考古 美術分野Ⅰ, 忠淸南道

朴容塡, 1973, 「公州出土의 百濟瓦・塼에 關한 研究」『百濟文化』6

朴容塡, 1991, 「武寧王陵의 塼」『百濟武寧王陵』, 百濟文化研究所

朴燦圭, 1995, 「百濟의 馬韓征服過程 研究」, 檀國大學校 박사학위논문

朴賢淑, 1990, 「百濟 初期의 地方統治體制 研究 - ʻ部ʼ의 成立과 變化過程을 中心으로 - 」, 『百濟文化』20

朴賢淑, 1993, 「百濟 檐魯制의 實施와 그 性格」『宋甲鎬敎授停年退任記念 論文集』

朴賢淑, 1995, 「宮南池 출토 百濟 木簡과 王都 5部制」『韓國史研究』92

朴賢淑, 1996, 「백제 泗沘時代의 지방통치체제 연구」『韓國史學報』창간 호

朴海玉, 1992, 「백제 사비도성의 토지구획」『문화역사지리』4

方東仁, 1977, 「三國時代의 서울」『서울六百年史』I

邊柱承, 1992, 「19世紀 流民의 實態와 그 性格」『史叢』40·41輯

成洛俊, 1983, 「榮山江 流域의 甕棺墓研究」『百濟文化』15

成周鐸, 1980, 「百濟熊津城과 泗沘城 研究」『百濟研究』11

成周鐸, 1982, 「百濟泗沘都城 研究」『百濟研究』13, 충남대 백제연구소

成周鐸, 1983, 「漢江流域 백제초기 城址연구」『百濟研究』14, 충남대 백 제연구소

成周鐸, 1984, 「百濟 城郭研究」『百濟研究』15, 충남대 백제연구소

成周鐸, 1985, 「百濟城址研究-都城址를 中心으로-」, 동국대 박사논문

成周鐸, 1986, 「都城」『韓國史論』15, 國史編纂委員會

成周鐸, 1993, 「百濟泗沘都城再齣-發掘資料를 中心으로-」『國史館論叢』 45

申光燮 외 3인, 1993, 「扶餘 宮南池 第2·3次 發掘調査槪報」『考古學誌』5

辛鐘遠, 1990, 「古代의 日官과 巫」『國史館論叢』13

沈正輔, 1996, 「百濟 泗沘都城의 築造時期에 대한 一考察」『東北아시아

의 古代都城』

申瀅植, 1981, 「百濟本紀 內容의 分析」『三國史記研究』, 一潮閣

申瀅植, 1983, 「三國時代 戰爭의 政治的 意味」『韓國史研究』43

安承周, 1983, 「百濟 甕棺墓에 관한 研究」『百濟文化』15

梁起錫, 1984, 「五世紀 百濟의 ‘王’·‘侯’·‘太守’制에 대하여」『史學研究』38

梁起錫, 1990, 「百濟 威德王代 王權의 存在形態와 그 性格-전제왕권의 성립문제와 관련하여」『韓國古代史研究』4

梁起錫, 1990, 「백제 전제왕권 성립과정 연구」, 단국대 박사학위논문

梁起錫, 1994, 「5~6世紀 前半 新羅와 百濟의 關係」『新羅文化祭學術發表會論文集』15

梁正錫, 1996, 「신라 麻立干期 왕권강화과정과 지방정책」『韓國史學報』창간호

양종국, 2004, 「부흥운동에 백제사 연구의 성과와 과제」『百濟文化』33집

余昊奎, 1992, 「高句麗 初期 那部統治體制의 成立과 運營」『한국사론』27

吳主煥, 1986, 「地方史 研究 : 그 理論과 實際-英國을 중심으로-」『大丘史學』30

禹在柄, 1993, 「國家形成論과 考古學上의 二·三의 指標」, 『宋甲鎬教授停年退任記念論文集』

俞元載, 1979, 「三國史記 僞靺鞨考」『史學研究』29

俞元載, 1988, 「泗沘都城의 防禦體制에 대하여」『公州教大論叢』24

俞元載, 1992, 「熊津都城의 羅城문제」『湖西史學』19·20, 호서사학회

俞元載, 1993, 「中國正史〈百濟傳〉의 사료적 가치에 대한 검토」『中國正史 百濟傳研究』, 學研文化社

俞元載, 1995, 「熊津時代의 泗沘 經營」『百濟研究』24

俞元載, 1996, 「『梁書』〈百濟傳〉의 檐魯」『百濟의 中央과 地方』, 第8回 百濟研究 國際學術大會 發表文

俞元載, 1996, 「百濟의 馬韓征服과 支配方法」『百濟의 建國과 漢城時代』, 第2回 百濟史 定立을 위한 學術세미나 發表文

尹武炳·成周鐸, 1977, 「百濟山城의 新類型」『百濟研究』8

尹武炳, 1990, 「山城·王城·泗沘都城」『百濟研究』21

尹武炳, 1994, 「百濟王都 泗沘城 研究」『學術院論文集(인문·사회과학 편)』33

李康來, 1985, 「三國史記에 보이는 靺鞨의 軍事活動」『領土問題研究』2

李基東, 1974, 「中國史書에 보이는 百濟王 牟都에 대하여」『歷史學報』62

李基東, 1982, 「百濟 王室交代論에 대하여」『百濟研究』13

李基東, 1984, 「雁鴨池에서 出土된 新羅木簡에 대하여」『新羅骨品制社會 와 花郎徒』, 一潮閣

李基東, 1987, 「馬韓領域에서의 百濟의 成長」『馬韓·百濟文化』10

李基東, 1990, 「伯濟國의 成長과 馬韓 倂合」, 『百濟論叢』2

李基東, 1990, 「百濟의 勃興과 對外關係의 成立-近肖古王代에 있어서 百濟의 倭國과의 交涉-」『古代韓國文化交流研究』(共著), 韓國精神

　　　文化研究院

李南奭, 1990,「백제 冠制와 冠飾-冠制·冠飾의 정치사적 의미 고찰-」
　　　『百濟文化』20

李道學, 1988,「永樂 6年 廣開土王의 南征과 國原城」『孫寶基博士 停年紀
　　　念韓國史學論叢』

李道學, 1990,「百濟의 起源과 國家形成에 관한 재검토」『한국고대국가
　　　의 형성』

李道學, 1990,「漢城後期의 百濟 王權과 支配體制의 整備」『百濟論叢』2

李道學, 1991,「백제 집권국가 형성과정 연구」, 한양대 박사학위논문

李道學, 1991,「백제 黑齒常之墓銘의 검토」『향토문화』6, 대구 : 향토문
　　　화연구회

李道學, 1992,「백제 漢城시기의 都城制에 관한 검토」『한국상고사학보』9

李道學, 1993,「二聖山城 출토 木簡의 검토」『韓國上古史學報』12

李文基, 1991,「新羅 軍事組織 研究」, 慶北大 박사학위논문

李文基, 1991,「백제 黑齒常之 부자 묘지명의 검토」『한국학보』64, 一志
　　　社

李丙燾, 1936,「三韓問題의 新考察」『震檀學報』6 ;『韓國古代史研究』修
　　　訂版, 1985

李丙燾, 1937~1938,「三韓問題의 新考察」1-7『震檀學報』1호 및 3-8호
　　　; 1976,『韓國古代史研究』, 博英社

李丙燾, 1974,「慰禮考」『학술원논문집(인문사회과학편)』13

李丙燾, 1976, 「夫餘考」『韓國古代史硏究』

李丙燾, 1976, 「風納里土城과 百濟時代의 蛇城」『韓國古代史硏究』, 博英社

李炳銑, 1982, 『韓國 古代 國名・地名硏究』, 螢雪出版社

李永植, 1993, 「'任那日本府' 관련 氏族 硏究」『先史와 古代』 4

李永植, 1995, 「百濟의 加耶進出過程」『韓國古代史論叢』 7, 한국고대사회연구소

李宇泰, 1981, 「新羅의 村과 村主」『韓國史論』 7

李宇泰, 1991, 「新羅 中古期의 地方勢力 硏究」, 서울대 박사학위논문

李宇泰, 1993, 「百濟의 部體制-新羅와의 比較를 中心으로-」『百濟史의 比較硏究』, 忠南大學校 百濟硏究所

李仁哲, 1993, 「新羅의 村과 村民支配에 관한 硏究-正倉院 所藏 新羅帳籍을 中心으로-」, 한국정신문화연구원 박사학위논문

李鍾旭, 1974, 「南山新城碑를 通하여 본 新羅의 地方統治體制」『歷史學報』 64

李鍾旭, 1976, 「百濟의 國家形成」『大丘史學』 11

李鍾旭, 1977, 「百濟王國의 成長」『大丘史學』 12・13

李鍾旭, 1978, 「百濟의 佐平-삼국사기를 중심으로-」『震壇學報』 45

李鍾旭, 1982, 「高句麗 初期의 地方統治制度」『歷史學報』 94・95

李鍾旭, 1990, 「百濟의 泗沘時代의 중앙정부조직」『百濟硏究』 21

李鍾旭, 1994, 「百濟의 建國說話-百濟初期國家 形成過程에 대한 기초적

검토-」『百濟論叢』4

李鍾旭, 1996, 「百濟 初期國家로서 十濟의 形成」『國史館論叢』69

李銖勳, 1995, 「新羅 中古期 村落支配 研究」, 부산대 박사학위논문

李賢惠, 1991, 「三國時代의 농업기술과 사회발전」『韓國上古史學報』8

李弘稙, 1954, 「百濟人名考」『서울大學校 論文集』1 ; 1971, 「韓國古代史
　　　의 研究』, 新丘文化社

李弘稙, 1960, 「百濟 建國에 관한 諸問題」(Ⅰ)『국사상의 제문제』6

李弘稙, 1965, 「梁 職貢圖 論考」『高大 60周年紀念論文集 人文科學 篇』, ;
　　　1971, 『韓國古代史의 研究』, 新丘文化社

林起煥, 1987, 「高句麗 初期의 地方統治體制」『慶熙史學』14

林起煥, 1995, 「高句麗 集權體制 成立過程의 研究」, 경희대 박사학위논문

林永珍, 1995, 「百濟 漢城時代 古墳研究」, 서울대학교 박사학위논문

全德在, 1990, 「新羅 州郡制의 成立背景 研究」『韓國史論』22

全德在, 1995, 「上古期 新羅六部의 性格에 대한 考察」『新羅文化』12

全榮來, 1976, 『周留城・白江 위치비정에 관한 新研究』, 扶安郡

全榮來, 1988, 「全北地方의 百濟城」『百濟의 國家發展과 城郭』

鄭雲龍, 1989, 「5世紀 高句麗 勢力圈의 南限」『史叢』35

鄭雲龍, 1996, 「5~6世紀 新羅 對外關係史 研究」, 高麗大學校 博士學位論
　　　文

鄭載潤, 1992, 「熊津・泗沘時代 백제의 지방통치체제」『한국상고사학
　　　보』10

鄭載潤, 2004, 「熊津時代 百濟史 硏究의 成果와 課題」『百濟文化』33집

趙法鍾, 1989, 「百濟 別稱 鷹準考」『한국사연구』66

趙法鐘, 1995, 「三國時代 身分制 硏究」, 高麗大學校 博士學位論文

朱甫暾, 1991, 「二聖山城 出土의 木簡과 道使」『慶北史學』14

朱甫暾, 1995, 「新羅 中古期의 地方統治 硏究」, 계명대 박사학위 논문

車勇杰, 1978, 「백제의 祭天祀地와 정치체제의 변화」『한국학보』11

車勇杰, 1981, 「慰禮城과 漢城에 대하여(1)-문헌해석과 축성사적 일반이
　　　　론의 적용 문제를 중심-」『鄕土서울』39, 서울시사편찬위원회

千寬宇, 1976, 「三韓의 國家形成」(上)·(下), 『韓國學報』2·3

千寬宇, 1977, 「復元 加耶史」(中)『文學과 知性』8卷 3號 ; 1991, 『加耶史
　　　　研究』, 一潮閣

千寬宇, 1979, 「馬韓諸國의 位置試論」『東洋學』9

崔孟植·金容民, 1995, 「扶餘 宮南池內部 發掘調査槪報」『韓國上古史學
　　　　報』20

崔夢龍·權五榮, 1985, 「考古學 資料를 통해 본 百濟初期의 領域考察-都
　　　　城 및 領域問題를 중심으로 본 漢城時代 百濟의 成長過
　　　　程」『千寬宇先生 回甲紀念史學論叢』

崔夢龍·權五榮, 1985, 「漢城時代 百濟의 都邑地와 領域」『震檀學報』60

韓圭哲, 1988, 「高句麗時代의 靺鞨 硏究」『釜山史學』14·15

洪思俊, 1970, 「宮南池와 土器」『考古美術』106·107

洪思俊, 1971, 「百濟城址硏究」『百濟硏究』2

洪思俊, 1991, 「梁代 職貢圖에 나타난 百濟國使의 肖像에 대하여」『百濟研究』12

洪再善, 1981, 「百濟泗沘城研究」, 東國大 碩士學位論文

舘野和己, 1989, 「官吏と文書行政」『古代の宮殿と寺院』, 講談社

鬼頭淸明, 1984, 「諸國からの租稅と荷札」『木簡の社會史』, 河出書房新社

鬼頭淸明, 1976, 「'任那日本府'の檢討」『日本古代國家の形成と東アジア』, 板倉書房

高橋誠一, 1983, 「古代朝鮮の都市」『古代都市』, 學生社

末松保和, 1965, 「百濟の故地に置かれた唐の州縣について」『靑丘史草』

武田幸男, 1979, 「廣開土王陵碑からみた高句麗の領域支配」『東洋文化研究所紀要』78 ; 1989, 『高句麗史と東アジア』

武田幸男, 1980, 「6世紀における朝鮮三國の國家體制」, 『東アジア世界における日本古代史講座』4, 東京 : 學生社

富谷至, 1993, 「漢簡」『中國法制史-基本資料の研究』, 東京大學出版會

井上秀雄, 1976, 「朝鮮の都城」『都城』, 社會思想社

井上秀雄, 1978, 「'任那日本府'の行政組織」『任那日本府と倭』, 寧樂社

田中俊明, 1990, 「王都로서의 泗沘城에 대한 豫備的 考察」『百濟研究』21

津田左右吉, 1964, 「好太王征服地域考」『津田左右吉全集』卷 11

坂元義種, 1978, 「五世紀の'百濟大王'とその王・侯」『古代東アジアの日本と朝鮮』, 吉川弘文館